KB130460

느려도 괜찮아

요가를 통해 배우는 나를 위한 토닥임

느려도 괜찮아

초판 1쇄 발행 2021년 12월 01일

지 은 이   한영임
발 행 인   권선복
편   집   유수정
디 자 인   노유경
전 자 책   노유경
발 행 처   도서출판 행복에너지
출판등록   제315-2011-000035호
주   소   (157-010) 서울특별시 강서구 화곡로 232
전   화   0505-613-6133
팩   스   0303-0799-1560
홈페이지   www.happybook.or.kr
이 메 일   ksbdata@daum.net

값 15,000원

ISBN 979-11-5602-937-3 (13190)

Copyright ⓒ 한영임, 2021

느려도 괜찮아

한영임 지음

도서
출판 행복에너지

● 추천의 글

인간이 행하여 보고
기쁨을 맛볼 수 있는 수양의 지침서

한영임의 수필집 『느려도 괜찮아』를 노을이 들불처럼 번지는 석양 무렵 베란다에 앉아 읽었다. 요가를 수행하면서 느낀 체험 수필이다.

요가는 고대인도의 수행도인들이 하는 정신과 육체수양의 일환이다. 명상이 기본이며 석가모니부처도 결국에 명상으로 도를 깨쳤다.

위빠사나 수행이 곧 명상인 것이다. 우리가 살아가면서 느끼는 많은 것들은 오로지 정신과 육체를 일체 시킴으로써 건전한 몸과 마음을 이뤄 종국에는 건강한 삶을 영위하는 게 목적이다. 나도 베란다 흔들의자에 앉아 한동안 불붙는 노을을 바라보다가 상념에 잠기곤 한다. 이런 것도 명상의 일종인지 집사람에게 한 번 물어봐야겠다. 나의 아내도 핫요가의 자칭 대가이다.

한영임의 두 번째 수필집 출간을 축하하며 독자들의 많은 사랑을 가열차게 받을 것이라 믿어 의심치 않는다.

- 시인 김현길

●●들어가는 글

　지금까지 살면서 내가 가장 잘한 일은 요가를 한 것이다. 처음엔 비명과 고통으로 시작했지만 지금은 즐거운 놀이가 되었다. 요가는 나를 위로해 주었다. 몸이 찌뿌둥한 날도, 울고 싶은 날에도, 괜찮은 척했지만 괜찮지 않은 날에도 나를 보듬어주었다. 어쩌면 지치고 바쁜 일상에서 스스로 위로해 주는 것이 가장 필요하지 않을까. 다른 사람이 대신해 주지 않으니 스스로 위로해 줄 필요가 있다. 이 책은 나를 토닥여주고 위로해 준 이야기다. 아픈 몸을 덜 아픈 몸으로 만들기 위해 요가에 입문해서 고군분투한 나의 이야기를 밝고 건강한 에너지로 전달하고 싶었다. 남들은 일주일이면 되는 자세를 나는 두 배의 노력과 시간을 들여야 가능했다. 매번 저질 몸뚱어리가 넘어져도 요가에 꽂힌 후 요가 생활인으로 살아가는 모습을 보고 작은 위로와 도움이 되었으면 좋겠다.

휴일도 없이 잠자는 시간만 빼고 일을 했다. 돈이 되는 삶이었지만 어깨 통증과 우울증으로 몸도 마음도 병들었다. 이러다 죽을 것 같았다. 나는 살기 위해 요가를 시작했다. 처음 시작할 때는 그다지 오래할 생각은 눈곱만큼도 없었다. 이렇게 20년이라는 오랜 시간동안 할 줄은 더욱더 몰랐다. 그런데 매일 일을 마치고 요가매트 위에 내가 있었다. 나를 쩔쩔매게 하는 이것, 넘어지고 고꾸라지고 나동그라져도 다시 일어설 수 있게 하는 요가의 매력에 점차 빠져들었다.

요가를 만나기 전에는 망설이거나 피하거나 참거나 하면서 살아왔다. 그러면 모든 것이 평화로울 거라 생각했다. 남의 눈치만 보다가 정작 나 자신이 평안하지 못한 삶을 살았던 것이다. 요가를 하면서 달라진 점은 내가 원하는 것이 있으면 눈치 보지 않고 시작할 수 있다는 점이다. 시작했으면 누가 뭐래도 뚜벅뚜벅 걸어간다. 그리고 나를 믿는다. 매트 위에서 한 자세를 잡기까지 흔들리고 총총거리지만 결국 마지막엔 흔들림 없이 멈춤 자세를 유지한다. 제대로 멈추려면 멈추기 전까지 수없이 흔들리고 넘어지고 끊임없는 연습이 필요하다. 멈추는 자세에서 에너지가 보충되고 다른 동작을 할 수 있게끔 나를 이끌었다. 제대로 멈출 줄 아는가. 멈추는 것도 내공이 필요하다는 걸 요가를 통해 깨달았다.

나는 요가매트 위에서 인생을 배웠다. 어려운 요가 자세를 얼마만큼 할 수 있느냐가 중요하지 않았다. 요가를 하는 과정에서 기다림, 견디는 힘, 균형 잡기, 홀로서기, 받아들임, 봉사, 믿음, 배움, 넘어질 때는 덜 아프게 넘어지는 방법도 함께 배웠다. 안전하게 넘어지는 법을 알고부터는 넘어지는 것이 두렵지 않았다. 실패하고 고꾸라져도 주저앉지 않고 다시 일어서서 연습을 했다. 남들보다 더디지만, 누구보다 많이 넘어졌지만, 그 실패의 경험은 오히려 나를 단단하게 만들었다. 삶이 힘들고 고단할 때마다 매트 위에서 마음을 돌보는 법을 배웠기 때문이다. 누군가 요가에 대해 묻는다면 나는 이렇게 답한다.

요가는 새로운 나를 만나는 여행이다.
매순간 지금에 집중하며 나를 위로하는 놀이다.
모든 존재에 친절한 마음을 갖게 한다.

굳이 비행기를 타지 않아도 배낭을 꾸리지 않아도 요가를 하는 동안에는 일상의 잡다한 생각과 고된 밥벌이의 스트레스에서 벗어날 수 있었다. 진상 고객으로 마음이 다친 날도 울적한 날도 내 뜻대로 되지 않은 날도 나는 요가매트 위에서 나를 위로하고 돌봤다. 어렵고 힘든 요가 자세를 하는 과정에서 수많은 나를 만났다. 업무와 육아로 힘든 나, 어깨 통증으로 울고 있는 나, 어머니의 죽음으로 우울한 나. 보살핌이 필요한 가여운 나. 요가는 그런 나를 제대로 토닥여주고 보살펴 주었다.

매일 요가매트 위에서 나를 위로한 것처럼 당신도 애쓰고 수고한 자신을 어루만져 줬으면 좋겠다. 코로나19 이후로 모임이나 외출이 줄어들어 집에서 머무는 시간이 길어졌다. 요가는 매트 한 장만 있으면 집에서 남녀노소 누구나 할 수 있다. 너무 답답해 하지 말고 요가로 건강도 챙기고 마음도 보살피는 슬기로운 시간이 되었으면 좋겠다. 아직도 요가를 할까 말까 망설인다면 지금 당장 요가매트를 사자. 내가 처음 요가를 접한 20년 전에는 요가원에 가야만 배울 수 있었다. 지금은 마음만 먹으면 얼마든지 배울 수 있는 방법이 널려 있다. 관계가 어긋나거나 마음이 아플 때, 일이 꼬일 때, 얄미운 사람이 있을 때, 가족을 돌보느라 정작 자신은 돌보지 못할 때, 밥벌이 때문에 영혼까지 탈탈 털리는 날이면 더욱더 요가를 만나보기 바란다. 아픈 그

곳을 가만히 귀 기울여 보기만 해도 나를 토닥여 주고 보듬어 주게 된다. 바로 지금, 당신도 요가를 통해 봄과 같은 생기를 느꼈으면 좋겠다.

요가는 봄과 닮았다.
새로운 기쁨이 오고
새로운 에너지가 생기고
새로운 친절과 사랑이 온다.

| 차례 |

Part. 1 **하나도 괜찮지 않습니다**

Part. 2 내 몸이 내 몸이 아니다

Part.4 삶이 힘든 그대에게 요가를

요가는 새로운 나를 만나는 여행이다.
매순간 지금에 집중하며 나를 위로하는 놀이다.

모든 존재에 친절한 마음을 갖게 한다.

하나도
괜찮지
않습니다

푸짐이라는

초등학교 6학년 때 일이다. "청군 이겨라, 백군 이겨라." 응원가가 온 동네를 가득 채우고 만국기가 운동장에 펄럭이고 있었다. 일 년 중에 시골학교에서 벌이는 최고의 잔치가 바로 가을 운동회였다. 아버지, 어머니는 물론 할머니도 곱게 동백기름을 바르고 비녀를 꽂고 학교에 오셨다. 내가 살고 있는 동네 친구 부모님은 다 알고 있었지만 다른 동네 친구의 엄마, 아버지도 볼 수 있어서 일부러 인사를 하러 다니기도 했다. 밤, 계란, 땅콩, 찰밥 등 주전부리가 풍성한 날이라 각자 집에서 준비해온 음식을 서로 나누어 먹기도 했다. 할머니 앞에서 몇 번 왔다 갔다 하면 치마를 걷어 올리고 속바지 춤에 옷핀으로 꽂아둔 주머니에서 용돈이 나오기도 했다. 1, 2학년들이 자기들보다 훨씬 큰 공굴리기를 할 때 엉뚱한 방향으로 몰고 가면 배를 잡고 웃었다. 학생과 학부모가 함께 참여하여 오자미로 박 터트리기는 운동장에 있는 모든 동네 사람들을 축제 분위기로 만들기에 충분했다. 남학생들은 곤봉을 돌리다가 떨어트리기도 하고 기마전을 해서 이겼다고 으쓱대는 친구도 있었다. 짓궂은 남학생들은 이마에 대고 있던 청색 띠로 한쪽 눈을 가려 애꾸눈 선장 흉내를 내기도 했다. 그런 모습을 보고 어른들은 누가 먼저랄 것도 없이 호통을 치며 나무랐다. 우리 여학생은 한복을 입고 부채춤을 추거나 소고를 박자에 맞춰 치기도 했다. 여러 종목 중 내가 가장 긴장하고 설렐 때는 운동회의 꽃이라 할 수 있는 릴레이다. 4학년 때부터 6학년까지 달리기 선수로 뽑힌 나는 마지막 종목인 이어달리기에서 빛을 발하곤 했다. 한 사람씩 반 바퀴를 돌아 다음 주자에게 바통을 건네는 이어달리기는 청군과 백군의 승패를 좌우할 때가 많았다. 나는 백군의 마지막 주자였다. 우리 백군이 출발은 앞서고 있었는데 5학년이 바통을 떨어트리는 바람에 뒤쳐지고 있었다. 우리 팀이 빨리 왔으면 좋겠는데 내가 바통을 이어받을 선수는 한참 뒤에 세 번째에 보였다. 나는 바통을 받고 절대 땅에 떨어트리지 말아야지 결의에 차 있었다.

바통이 부서져라 세게 움켜쥐고 냅다 달리기 시작했다. 앞서가던 청군 선수를 한 명 제치고, 있는 힘껏 속력을 내서 또 한 명을 제치고 일등으로 테이프를 통과했다. 드디어 우리 백군들은 환호했고 백팀 응원석엔 파도타기 물결이 일렁거렸다. 우리 백군들은 모두 짜릿한 역전으로 승리의 기쁨을 만끽했다. 그 후로 많은 친구들은 내가 달리기를 잘하는 것으로 알고 있다. 사실 내가 달리기를 잘하는 편은 아니다. 또래 친구들보다 컸고 성숙한 탓에 작은 친구들에 비해 다리가 길어서 금방 따라 잡았을 뿐이다. 초등 6학년 때 신장이 지금 신장과 비슷했으니까 그 당시엔 많이 성숙한 편이었다. 그런 일이 있고부터 남학생들은 나를 놀리기 시작했다. "영임이가 운동장을 뛰니까 가슴도 지구도 흔들리더라."

또래보다 통통하고 조숙한 탓에 남학생들은 나를 볼 때마다 "푸짐아"라고 놀렸다. 나는 그 후로 어떻게 하든 헐렁한 옷으로 최대한 가슴이 작은 것처럼 하려고 노력했다. 그럼에도 나는 여전히 고향 친구들로부터 통통함을 초과한 뚱뚱한 사람으로 각인되었다. 그러다가 결혼을 하고 아이를 낳고 초등친구들을 까맣게 잊고 살았다. 가끔 고향에 가면 친구들이 동창회를 한다는 얘기가 들리기도 했지만 나는 참석하지 않았다. 고향친구들 중에 사촌만 빼고 왕래를 전혀 하지 않은 탓에 데면데면한 것이 불편할 것 같았다. 어떤 친구들은 내가 모임에 나오지 않는다고 냉정하고 고상한 척 한다고도 했지만 그건 나를 잘 몰라서 하는 소리다. 단지 소심하고 내향적인 성격이라 그랬다. 수줍음이 많고 낯을 가리는 편이었고 친해지려면 시간이 필요했을 뿐이다. 다른 친구들은 이미 1년에 두 번은 정기적으로 만남을 가졌고 나는 3년 정도 지난 뒤에 동창회에 합류하게 되었다. 초등학교를 졸업하고 25년 만에 나를 본 친구들의 동그래진 눈은 예전의 내 모습을 찾으려고 샅샅이 살폈다. 우연히 화장실에 갔다가 남자친구들이 화장실 뒤편에서 담배를 피우며 하는 소리가 들렸다. "지금까지 본 여학생 중에 영임이가 제일 반전이다. 초등시절엔 억수로 푸짐했는데 저렇게 변할 수가 있나." 이 소리를 듣고 옆에 있던 또 다른 친구는 "얼굴 예쁘지, 몸매 좋지, 피부 깨끗하지, 거기다 성격까지, 완전 매력덩어리더라."며 술렁거리고 있었다. 고향 친구들은 초등시절로 돌아가 아이 둘을 낳은 나를 여학생이라고 했는데 나도 모르게 코흘리개 때 추억에 풍덩 빠지기도 했다. 요가를 한 이유가 고향 친구들을 놀래려고 한 건 아니지만 기분은 좋았다. 그렇게 나는 요가를 한 덕분에 고향 친구들로부터 부러움을 한 몸에 받았다. 사람들은 눈에 보이는 부분만 보지만 사실 요가가 주는 유익함은 정신적인 건강이, 눈에 보이지 않는 내면적인 평온이 훨씬 크다. 요가로 몸이 날씬해졌지만 지금도 여전히 고향 친구들은 나를 "푸짐아"라고 부른다. 나는 푸짐이라는 별명이 좋다. 국어사전에 찾아보니 "마음이 흐뭇하도록 넉넉하다."라고 설명되어있다. 친구들은 "너는 영원한 푸짐이다. 마음이 푸짐하잖아"라고 말한다. 이 말을 들으면 부끄럽기도 하고 앞으로 넉넉한 마음으로 살아야지 배우게 된다. 요가는 고향 친구들의 눈을 동그랗게 할 정도로 나의 표정이나 말투, 행동에 변화를 주었다.

지금껏 요가를 하면서 체험한 좋은 점은 첫 번째는 마음이 바다처럼 잔잔하다는 것이다. 부정적이거나 근심 걱정이 사라지고 고요한 마음의 평온을 제일로 꼽는다. 두 번째는 수면의 질이 좋아진다. 베개를 베고 있으면 5분 이내에 스르르 꿈나라로 간다. 아주 깊은 숙면이라 아침에 일어나면 상쾌하다. 세 번째는 근력은 강해지고 체지방은 감소한다. 나이 먹을수록 근력은 빠지고 필요 없는 체지방은 늘어나기 때문에 하루 1시간 요가로 탄력 있는 몸을 유지할 수 있다. 네 번째는 자세 교정에 도움을 준다. 나는 거북목에 어깨가 비대칭인데다 고관절이 틀어져있는 상태였다. 치마를 입으면 항상 한쪽으로 돌아가곤 했다. 어깨 통증이며 허리 통증과 다리 통증으로 고생을 했고 지금은 요가를 통해 통증은 없어지고 계속 교정하고 있다. 그 외에도 스트레스를 줄여주고 몸의 유연성을 길러주는 등 셀 수도 없이 좋은 점이 많다. 그렇게 해서 나는 요가 예찬론자가 되었고 지인들에게 짧게는 일 년 길게는 평생 동안 요가를 해보라고 권한다. 요가에 한 번 빠지자 요가원에서만 하는 게 아니라 집에서도 짬만 나면 매트를 편다. 지금은 대학교를 졸업한 아들이 초등학교 때 쓴 일기를 보면 내가 얼마나 오랫동안 요가에 빠져 있었는지 알 수 있다.

요가

봉림 초등학교 1학년 허동규

엄마는 매일 저녁에 요가를 한다.
나도 따라해 보았다.
보기는 쉬운데 해보니까 어려웠다.
엄마랑 똑같이 하다가
몸이 뿌사질 뻔 했다.
엄마는 이런 걸 왜 맨날 하실까

자전거 타기와 요가

솔직히 나는 저질 몸뚱어리다. 요가의 유연성과는 거리가 멀다. 다른 사람들은 진도를 한참 나가면 나는 항상 뒤떨어져서 한 자세를 배우기까지 시간이 오래 걸린다. 다른 사람은 일주일이면 되는 동작을 2주일이나 걸리고 두 배로 시간을 들여야 될동말동이다. 뚱뚱하기도 했다. 뚱뚱한 몸을 유지하는데 가장 큰 몫을 차지한 것은 먹는 것을 좋아하는 식성 때문이다. 웬만해선 모든 음식이 달고 맛있다. 고기, 해산물, 과일 가리지 않고 잘 먹는다. 처음 요가를 시작하고 어깨 통증으로 힘들었지만 소식하는 것도 내게는 힘든 일이었다. 지금도 적게 먹자면서 맛난 음식을 만나면 부른 배를 안고 집으로 돌아올 땐 머리를 쥐어박기도 한다. 그나마 요가를 시작하기 전에 비하면 절제하는 힘이 생겼다. 먹보에다 저질 몸뚱어리에다 뚱뚱하기까지, 요가를 함에 있어 나쁜 조건은 다 갖춘 내가 20년 동안 요가를 하고 있다. 어쩌다가 요가가 내게 왔는지 왜 하필 요가였는지 알 수 없지만 요가는 내 인생의 터닝 포인트가 되었다.

사업을 시작하고부터 남편과 한 공간에 붙어있게 되면서 다툼이 잦아졌다. 너무 많은 업무와 육아 스트레스로 결국에는 우울증과 어깨 통증으로 매일 눈물로 보냈다. 몸과 마음에 병이 나서 죽을 만큼 힘들 때 요가는 나를 살렸다. 이런 내 모습이 싫었고 나는 살기 위해, 건강한 몸을 만들기 위해 요가원에 내 발로 찾아갔다. 궁하면 통한다고 간절하게 하나의 소원이 있다면 오로지 어깨가 아프지 않다면 세상 부러울 것이 없었다. 하루도 빠지지 않고 일을 마치면 요가원에 갔다. 어떤 날은 어깨 통증으로 매트에 누워 하염없이 눈물만 흘리고 오는 날도 있었고 어떤 날은 다섯 가지 동작만 하다가 집으로 올 때도 있었다. 워낙 어깨 통증이 심해서 일반 사람들과 비교할 수 없는 엉망인 몸이었다. 그런 내가 요가에 꽂혀서 매일 매트 위에서 몸과 마음을 돌봤다. 어깨 통증이 사라지고 우울증이 없어졌고 몸이 교정되었다. 기쁨과 감사가 많아졌고 심상이 좋아지니 자동으로 얼굴 표정도 좋아졌다. 자세가 좋아지고 표정이 평온해지면서 주변에 좋은 사람들을 많이 알게 되었고 요가가 나의 운명을 완전히 바꿔 놓았다.

나의 저질 몸뚱어리는 초등학교 6학년 때 알게 되었다. 오빠가 자전거를 타고 교복을 입고 바람처럼 나갔다 들어오곤 했는데 그 모습이 너무 멋지고 부러웠다. 나도 자전거를 타고 싶은데 부모님과 언니, 오빠는 바쁜 일손으로 과수원이며 논과 밭에서 대부분의 시간을 보냈다. 주말에 집에 남은 사람은 남동생 둘과 나뿐이었다. 하루는 자전거가 대문 옆에 세워져 있는 것이 눈에 들어왔다. 기회는 이때다 싶어 남동생보고 자전거 뒤를 잡아 달라 부탁했다. 나보다 한참 큰 자전거를 끌고 대문 밖으로 나왔다. 자전거라야 보조바퀴가 달린 것도 아니요, 여성용으로 아기자기한 것도 아니었다. 아버지가 타고 다니던 투박하고 커다란 자전거였다. 남동생은 몇 번 뒤를 잡아주다가 말로만 잡았다고 거짓말을 하고 자전거를 놓은 상태였다. 내 몸을 실은 자전거는 비틀거리며 논바닥으로 곤두박질쳤다. 모를 심어놓은 논에 빠진 나는 진흙을 뒤집어쓰고 나와서 애꿎은 동생에게 화풀이했다. 동생은 그런 내 모습을 보고 배를 잡고 웃으며 도망

쳤다. 그 후로 동생을 믿을 수 없었던 나는 혼자 자전거를 끌고 씨름하는 날이 많아졌다. 어떤 날은 정강이에 피가 흐르기도 하고 어떤 날은 바지가 체인에 걸려 찢어지기도 했다. 넘어지기 직전에 브레이크를 잡고 빨리 발을 땅에 닿으면 되는데 나는 매번 어, 어, 하다가 브레이크도 잡지 않은 채 논으로 박히곤 했다. 논에 꽂히고 나서야 "브레이크를 잡아야 했는데" 하면서 무릎을 쳤다. 논에 어린모와 내가 나란히 꽂혀 있는 모습은 평생 잊을 수 없는 추억으로 남았다. 누가 자전거를 타라고 시킨 것도 아닌데 나는 어떡하든 오빠처럼 자전거를 멋지게 타고 싶었다.

"오빠, 어쩌면 자전거를 잘 탈 수 있어?"

"몇 번 넘어지고 까져야 탈 수 있을 낀데, 몸으로 균형만 잡으면 쉽다."

오빠는 하루 만에 몇 번 넘어지고 무릎이 까이다가 자전거를 탔다고 했는데 나는 한 달이 걸렸다. 몇 번이 아니고 수없이 넘어지고 비틀거리다가 논에 꽂히고 가까스로 균형을 잡고 자전거를 탈 수 있었다. 자전거 타기와 요가는 닮았다. 꽂히는 재미가 있고 포기하지 않는다면 앞으로 나아가는 즐거움이 있다.

나의 묘비명을 생각해 봤다. "논바닥에 꽂힌 여자, 요가에 꽂히다."

모임에 갔다가 앞에 앉은 교수님 왈 "한 대표는 앉은 자세가 반듯하고 건강해 보여요. 나도 자세를 고쳐 앉게 되네요." 이런 말을 들으면 요가를 한 덕분이라고 말한다. 하루는 업무 차 관공서에 갔다가 내가 걷는 모습만 보고 명함을 주고 간 사람도 있었다. 한 달 동안 거래처 부서에 들락거리던 나의 자세와 표정을 살펴보고 청사용품을 납품하라는 기적 같은 일이 일어났다. 그렇게 해서 여러 부서에 거래처가 늘어나기 시작했다. 나의 걸음걸이에 무슨 마술이 있었기에 이런 기적이 일어났을까. 특별한 비법을 기대하겠지만 아주 단순한 비밀이 숨어있다. 걸을 땐 단전에 힘을 주고 등과 어깨를 펴고 걷는다. 반듯하고 건강한 에너지가 신뢰받을 수 있다는 것을 나는 그때 처음 알았다. 이렇게 앉은 자세만 봐도, 걷는 자세만 봐도 몸의 건강과 에너지를 알 수 있다. 여기에 얼굴 표정이 부드럽고 평온하다면 금상첨화다. 지금 내 모습은 어느 날 하루아침에 찾아온 결과물이 아니다. 20년 동안 요가매트 위에서 자세를 바로 잡고, 틀어진 골반을 교정하고, 거북목과 어깨의 비대칭을 조금씩 바로 잡는 과정에서 만들어진 것이다. 지금 내 몸의 상태가 곧 내가 살아온 역사라고 보면 된다.

요가를 하면서 평소에 서있거나 앉거나 걷는 자세가 얼마나 중요한지 알게 되었다. 단순한 서고 앉고 걷는 자세를 요가를 만나기 전, 나는 함부로 하거나 영혼 없이 대충하곤 했다. 그 결과 나쁜 습관이 내 몸을 잠식하는 줄 모르고 살았다. 나는 일할 때 쓸데없이 긴장을 많이 한다. 고객에게 실수를 하면 안 된다고 나를 끊임없이 긴장시켰던 것이다. 나쁜 습관도 오래되면 몸이 자동으로 익숙한 상태를 유지하려고 한다. 익숙한 것이 무서운 이유는 익숙한 것이 옳다고 여기고 계속 반복한다는 것이다. 나도 모르는 사이에 습관이 몸에 밴다. 이때 바로 알아차리는 것이 중요하다. 내 몸을 스캔하고 알아차린다는 것은 교정이 가능하다는 것이다. 쓸데없는 긴장을 풀고 굽었던 등을 펴고 호흡을 가다듬는다. 의자에 앉을 때도 척추를 뒤로 빼지 않고 등을 펴고 어깨를 편다. 많은 사람들이 앉는 자세를 그다지 중요하게 생각하지 않는다. 척추를 굽어서 앉거나 반대로 척추를 편다는 것에 집중해서 등과 허리를 과하게 젖히는 경우는 오히려 좋지 않다. 지나친 긴장은 오히려 몸에 해롭다. 앉는 자세의 올바른 예는 긴장이 없는 상태에서 좌우로 치우치지 않고 어깨를 펴고 척추를 바르게 펴고 앉는 것이다. 당신은 지금 어떻게 앉아 있나요. 다리를 꼬거나 등이 굽어 있지는 않나요. 지금의 자세가 나를 만들고 사람들은 나의 자세를 보고 나를 읽는다.

하나도 괜찮지 않습니다

사업을 하고부터 일 이외의 것은 모두 한쪽으로 밀어두고 살았다. 사는 게 바쁘다 보니 솔직하게 표현하는 방법을 잊고 살았다. 슬프거나 아플 때 울 수 있는 공간이 없었고 눈물을 참았다. 좋아하는 것이 있어도 말하지 못했다. 그렇게 살다 보니 내가 원하는 게 있어도 말하지 못하는 사람이 되어있었다. 화가 치밀고 울고 싶어도 겉으론 미소를 지었다. 힘들어도 힘들지 않은 척 감추는 연습을 했다. 서비스업에 종사하다 보면 이런 감정노동이 육체노동보다 훨씬 힘들다. 감정에 솔직하지 못한 나. 표현에 서툰 나. 이제는 올라오는 감정을 참고 싶지도 않고 내 감정에 충실하고 싶다. 지금도 여전히 감정을 솔직하게 드러내는 것이 부족하지만 조금 나아진 부분도 있다. "이런 일로 속상해, 네가 이렇게 해줬으면 좋겠다, 내 생각은 이런데 너는 어떻게 생각하니?"

서툴러도 표현하려고 노력한다. 사람으로 상처받고 마음 아픈 날이 없기를 바랐지만 또다시 찾아왔다. 아버지 간병을 마치고 집으로 오는 길에 차를 세우고 울고 있을 때 친구한테서 전화가 왔다. "잘 있나?" 친구의 말에 목 놓아 한참을 울었다. 이 시원함이란.

친구는 나의 생경한 모습에 많이 놀랐겠지만, 나는 아닌 척 포장하지 않고 울 수 있는 친구가 있다는 것이 얼마나 고맙고 위로가 되던지 더 눈물이 났다. 내가 울음을 그쳤을 때 친구는 "내가 도와줄 일이 있으면 언제든 말해. 다음에 아부지 병원에 갈 때 같이 가자."라고 말했다. 그렇게 말해주는 것만으로 친구는 이미 나를 도왔다. 그런 일이 있고부터 그 친구와 더 친해졌고 돈독한 사이가 되었다.

아버지가 뇌질환으로 병원에 입원했다. 뇌경색으로 인해 다리의 기능이 마비되어 걷지 못한다는 청천벽력 같은 소리를 의사로부터 들었다. 아버지는 사람을 볼 때 오직 두 종류의 사람으로 분류한다. 걷는 사람과 걷지 못하는 사람. 아버지는 40대 초반에 교통사고로, 또 한 번은 경운기 사고로 다리를 다쳐서 평범한 사람들보다 걷는 속도가 많이 느리다. 목발이 있어야 외출이 가능했고 장거리는 휠체어가 당신 다리를 대신했다. 그런 상태에서 지금 뇌경색까지 와서 더 이상 걷지 못한다는 것은 아버지에겐 사형선고나 다름없었다. 아버지는 좋은 차를 타는 것도, 큰 저택을 가진 것도, 좋은 옷을 입는 것은 하나도 부러워하지 않았다. 오직 두 다리로 걷는 것이 최고의 바람이자 욕심이었다. 자고 일어나면 걸을 수 있을지도, 재활운동을 하면 걸을 수 있을지도, 온 신경이 다리로 다 몰렸다. 침대에 누워서 TV를 시청하다가도 아버지는 이런 저런 말씀이 없었다. 두 발로 걸을 수 없는 사람에게 그 어떤 위로의 말을 나는 찾지 못한다. 아니 없다. 다리 마사지를 해드리고 수건으로 얼굴을 닦아드리고 드시고 싶은 음식이 있는지 물었다. 아버지는 입을 꾹 다물고 계셨다. 하루 종일.

"아부지, 괜찮아요?"
"니 같으면 괜찮컸나! 하나도 안 괜찮다!"
웬만하면 괜찮다고 말하는 사람, 조금 손해 보는 것이 마음 편하다고 하는 사람. 받는 것보다 주는 편을 선택하는 사람, 이기는 것보다 져주는 것이 이기는 것이라고 말하는 사람이었다.

아버지는 지금 괜찮지 않은 걸 괜찮지 않다고 말씀을 하시는 구나. 하나도 괜찮지 않은 것을 괜찮다고 말씀하셨다면 나는 오히려 더 많이 가슴 아팠을 것이다. 충격적으로 그 말씀이 가슴에 박혔고 괜찮지 않다고 말씀해줘서 고맙고 눈물이 났다.

미치 앨봄의 책 『모리와 함께한 화요일』에 등장하는 모리교수는 루게릭병으로 사지가 점점 마비되어 가는 인물이다. 그는 "어느 날 누군가 내 엉덩이를 닦아 줘야만 한다는 사실이 가장 두렵소."라고 말한다. 지금 아버지는 이틀째 엉덩이를 나에게 맡기고 있다. 지금 엉덩이를 맡긴 아버지도 엉덩이를 닦는 나도 하나도 괜찮지 않다. 집으로 돌아와서 생각했다. 혼자 화장실에 갈 수 없는 몸이 된다면 나는 어떨까?

지인들에게 이 질문을 했더니 열 명 중 여덟 명은 "그리되면 죽어야지." 한다. 글쎄 그리되면 간단하게 죽어질까. 그만큼 엉덩이를 맡기는 최악의 상황까지는 피하고 싶다는 뜻일 것이다. 아버지는 혼자서 공포와 불안, 자식들에게 짐이 되어버린 몸을 어떻게 감당하고 견뎌야 하는지 씨름하고 계실 것이다. 이럴 때 "힘내요" 따위의 말은 하지 말자. 위로한답시고 하는 말이 오히려 상처를 줄 수도 있다. 지금의 상황을 잘 알지도 못하면서 이래라 저래라 말하는 것은 잔인하다. 정작 가족은 아무 말 없이 그냥 옆에서 가만히 수발을 드는데, 늘 그렇듯이 잘 알지도 못하는 사람들이 지나가는 말로 위로한답시고 이래라 저래라 말할 땐, 위로가 되지 않을 때도 있다. 괜찮지 않은 몸에게 괜찮은 몸은 어떻게 해야 할까. 말없이 옆을 지켜주고 보살펴준다. 간절하게 기도한다. 아버지가 예전처럼 느려도 괜찮으니까 걸을 수만 있게 해주세요.

살다 보면 힘들 때도 있고 목청껏 울고 싶을 때도 있다. 그럴 땐 아닌 척 숨기지 말고 표현해야 한다. 이번 일로 배우고 얻은 것은 친구 앞에서 모자라면 모자란 대로, 아프면 아픈 대로 솔직하게 보여주었을 때 더욱더 친밀해졌다. 나의 부족한 면이 흠이 되지 않고 오히려 말없이 보듬어주는 친구는 감동이다. 굳이 말하지 않아도 내 마음 알아줄 것 같은가. 미안하지만 전혀 그렇지 않다. 친구가 나빠서도 아니고 내가 표현하지 않았기에 상대방이 모르는 것이 당연하지 않은가. 말하지 않아도 상대방이 알아줄 것이라는 생각은 혼자만의 착각이다. 예전 같으면 말도 못하고 끙끙 속을 앓다가 혼자 방구석에 박혀 울고 있었을 것이다. 이제는 아버지가 가여워서 눈물이 나고 그걸 보고도 아무것도 할 수 없는 나는 속상하다고 친구한테 눈물 반 투정 반으로 말한다. 해결책을 찾지 않아도 말하는 그 자체만으로 후련했다. 말로 표현이 어렵다면, 글쓰기로 표현하는 것도 좋은 방법이다. 나는 친한 친구에게 감정을 표현하기도 하고 글로 써서 그때의 감정과 기분을 적는 편이다. 말 그대로 일기형식인데 처음 시작은 투덜거리고 징징거렸지만 마무리쯤 가서는 잔잔하게 잦아드는 것을 경험했다. 글로 써내려 가다보면 내 기분은 이러했고 상대방은 어떠했을지 알아가는 시간이 되기도 한다. 적어도 내 경험에 비추어 보자면 감정을 솔직하게 표현하는 과정에서 감정이 조절되는 어떤 에너지가 나왔다. 괜찮지 않다면 괜찮지 않다고 솔직하게 표현하자.

요가원 첫날

　나는 밤마다 울었다. 어깨가 아파서 울고, 일이 힘들어서 울고, 남편과 한 공간에 24시간 붙어있으면서 매일 목에 핏대를 세우며 싸웠다. 내가 지금 지옥에 와 있다는 느낌이 들었다. 그런 와중에 신문을 읽다가 우연히 요가에 관한 글을 읽었다. 몸도 마음도 건강하게 해 준다고 설명되어 있다. 내가 살기 위해선 지금 당장 필요한 건, 몸과 마음의 건강을 되찾는 것이었다. 요가를 배울 수 있는 곳을 찾아보았다. 지금은 요가원이 건물마다 한 곳 정도는 쉽게 찾아볼 수 있고 주민 센터나 농협 등에서도 접할 수 있지만 20년 전에는 진해에 한 곳 창원에 두 곳 있었는데 다행히 집 근처에 요가원이 있었다. 일을 마치고 요가원에 찾아갔다. 지나가는 행인인 척 하고 안을 살폈다. 상체와 하체를 반으로 접고 있는 사람, 벽에 끈을 이용해서 몸을 활처럼 휘는 사람, 물구나무 자세를 하고 있는 사람이 보였다. 저걸 한다고? 일단 상담만 받고 와야지 용기를 내서 문을 열고 들어갔다. 바닥과 벽은 나무로 마감해서 따뜻하고 향긋한 솔 향이 나기도 했다. 일단 분위기는 편안하고 따뜻해서 마음에 들었다. 원장님은 차를 내어주면서 요가를 대중에게 알리고, 많은 사람들이 건강하고 행복한 삶을 추구하는데 가치를 두고 교육을 한다고 했다. 그 분의 사명감이 느껴졌지만 나는 오직 하나 내 어깨만 아프지 않는다면 뭐든 상관없었다.

처음 요가를 접한 날은 한마디로 끔찍했다. "오늘은 요가를 체험해 보는 시간입니다." 하고 바로 요가 수업을 했다. "지금보다 더 많이 아플 겁니다. 그때마다 내 몸이 교정되는구나. 그렇게 생각하시면 됩니다." 이 말을 듣는데 덜컥 겁이 났다. 지금도 아파 죽을 지경인데 더 많이 아프다니. 그만두고 다음에 오겠다고 할까 속으로 잔머리를 굴렸다. "어깨 통증이 심하기 때문에 몸 교정과 회복을 다스리는 쪽으로 할 겁니다. 아파도 두 달만 견디십시오. 분명 지금보다는 훨씬 좋아질 겁니다. 저를 믿고 따라오시면 됩니다." 원장은 일대일 수업을 약속했다. 얼떨결에 꼼짝없이 잡혀서 하게 생겼다. 제일 먼저 내가 접한 동작은 커다란 쿠션을 등과 허리에 받치고 천장을 보고 누워서 굽은 허리와 어깨를 펴는 동작이었다. "아! 아파요." 나도 모르게 반사적으로 튀어 나온 말. 내 말은 들은 척도 않고 원장은 팔을 만세 하라고 한다. 팔을 천천히 들어 용을 써서 어떻게 겨우 만세를 했다. 이 단순하고 식은 죽 먹기인 동작이 내겐 너무 힘들고 고통스럽다. 굳은 몸을 펴고 누워있으니 아프기도 하고 시원하기도 했다. 두 번째 동작은 누운 상태에서 고관절을 교정하는 자세인데 오른쪽으로 기울일 때는 그나마 쉬운 편인데 왼쪽으로 기울일 때는 고통이 찾아왔다. 스트레칭 중에 기본 동작이지만 나에겐 통증으로 다가왔다. 세 번째 동작은 벽에 있는 끈을 등지고 서서 양손으로 끈을 잡는다. 다리를 어깨 넓이로 선 상태에서 온몸에 힘을 빼고 앞으로 몸통을 밀어 내란다.

시키니까 해본다. 이 세상의 모든 통증이 내 어깨로 다 몰린 것 같다. 눈물이 나도 모르게 흐른다.

"이게 다요?"

"……." (우씽 아파죽겠는데 이게 다다. 어쩌라구)

아무리 용을 써도 이게 다다. 아니 용을 쓸 수가 없다. 어깨의 고통은 그 어떤 것도 할 수가 없었다. 척추가 활모양은커녕 배만 내민 꼴이 되었다. 원장은 보기보다 내 몸의 심각성을 인지했고 나는 어깨 통증으로 계속 눈물만 났다.

내 몸이 정녕 이렇게 저질이란 말인가. 유연성이란 전혀 찾아볼 수 없고 장작을 보는 듯하다. 네 번째 동작은 개 자세를 하란다. 몸은 아파 죽을 지경인데 원장은 도대체 알아듣지도 못하는 요상한 산스크리트어(아도 무카 스바나 아사나)를 쏟아낸다. 생전 처음 듣는 말에 눈이 동그래져 있는 나에게 원장이 시범자세를 보여준다. 나도 따라 해본다. 자세가 잘못 되었다고, 잘못된 부분을 지적까지 한다. 이 동작은 태어나서 처음 해본다. 땅을 보는 개가 되어 땀보다 눈물이 더 많이 쏟아졌다. 아프다고 고함을 질러도 아랑곳하지 않고 골반을 더 올리라고 한다. 고문도 이런 고문이 없다. 어깨 통증은 더 아파왔고 팔은 부들부들, 허리와 다리도 당기고 아프다고 난리를 친다.

다섯 번째 동작은 아기자세로 편히 쉬라고 한다. 이 동작은 그냥 가만히 엎드려 쉬고 있는데도 방금 했던 개 자세로 아픈 어깨는 더 아팠고 혓바닥 늘어트린 수캐마냥 헐떡거리며 이 짓거리는 못하겠다는 생각만 가득했다. "왜 돈 내고 이리 힘든 걸 하는지 모르겠어요."

따지듯이 대들고 화를 내듯이 원장한테 말했다. 원장은 빙그레 웃으며 "3개월 후에도 이런 말을 하는지 봅시다." 한다. 원장은 이러다 사람 잡겠다 싶었는지 이제 마지막 동작으로 천장을 보고 편히 누워 호흡을 하라고 한다.

"눈을 감으시고 숨을 단전까지 깊게 들이 마시고 천천히 내어 쉽니다. 최대한 편안하게 온몸에 힘을 뺍니다. 몸도 마음도 편안해 집니다." (마음은 당신을 믿을 수 없고 몸은 더 아프다구요)

〈요가후기〉

요가원에 갔다가 얼떨결에 붙잡혀서 요상한 이 자세를 했다가 눈물을 뚝뚝 흘리며 했는데 지금은 어깨가 뻐근하거나 피로할 때 나도 모르게 이 자세를 잡아요. 다운 독 자세는 불면증이 있거나 갱년기 증상에 도움이 되는 자세예요. 이 자세를 하고나면 전신이 시원해지고 머리가 베개에 닿으면 금방 스르르 꿈나라로 가요. 요가 덕분에 받은 축복이지요. 네 발로 걷는 동물은 척추질환이 없다는 데서 착안한 것으로 개가 땅을 보며 시원하게 기지개를 펴는 모양이에요. 아래로 향한 개자세예요. 어깨 관절통 완화와 다리 통증이나 경직을 풀어주죠. 피로회복에 좋고 고혈압에도 좋아요. 집에서 매트를 펴고 한번 해보세요.

등을 아래로 누르기보다 엉덩이를 끌어올리면 개가 기지개를 쭉 켜는 모습이 된다. 뒤꿈치를 바닥에 제대로 붙인다. 다리가 당길수록, 뒤꿈치를 바닥에 제대로 붙일수록 오늘의 피로는 모두 물러간다. 개 같은 자세라고 얕보지 말지어다. 개 같을수록 몸 전체가 시원하게 스트레칭 된다. 〈사진참조〉

1. 무릎을 꿇고 앉는다.
2. 양팔을 앞으로 쭉 뻗어 어깨너비만큼 벌리고 손바닥을 바닥에 놓는다.
3. 엉덩이를 들고 양 발을 골반 넓이만큼 11자로 놓는다.
4. 숨을 마시고 내쉬면서 손바닥을 밀면서 어깨와 등을 쫙 펴고 엉덩이를 위로 올린다.
5. 동시에 발뒤꿈치를 바닥에 붙이고 엉덩이를 한 번 더 끌어 올리고 호흡을 고른다.
6. 팔을 쭉 펴고 엉덩이를 한 번 더 끌어올리고 정수리를 바닥에 닿는 느낌으로 한다. (30초 유지)
7. 숨을 내쉬고 머리를 들고 무릎을 바닥에 내리고 천천히 긴장을 푼다.

사진 1. 다운 독 자세

05

힘을 빼라구요

새로운 것은 언제나 긴장되고 설렌다. 요가를 배운지 세 달 쯤 되었을까. 새로운 자세를 배웠다. 처음 해보는 동작은 심장 을 쫄깃하게 한다. 잘 할 수 있을까, 이번엔 어떤 고통이 올까, 무섭다.

오만가지 생각이 삽시간에 튀어 나온다. 도망가고 싶고 괜히 아픈 척하고 싶어진다. 척추측만과 골반 교정에 좋고 머리가 맑 아져 우울증 완화에 도움이 되는 자세한 설명과 함께 원장은 시범을 보인다.

　　등 뒤에서 손바닥을 합장하려면 두 손바닥이 만나져야 할 텐
데 끙끙. 다른 사람들은 등 뒤에서 두 손바닥이 쉽게 만나는데
나만 못 만나고 끙끙대면 똥 밟은 기분이 되고 만다. 어깨는 아
프고 첫 단계에서부터 난감하다. 원장은 "합장은 안 해도 괜찮
으니 되는 만큼 자세를 잡고 상체를 내려 보세요." 한다. 머리를
숙여본다. 악, 내 다리. 찢어지는 고통이다. 어깨 죽지의 고통도

덩달아 아우성이다.

"몸에 힘을 빼세요."

힘을 빼려고 해도 들어간다.

"힘을 뺐을 때 몸은 더 유연해지고 자세는 크고 아름답습니다."(나도 그러고 싶거든)

책 쓰기 수업에 이은대 사부님도 힘을 빼라고 말한다. 엄청나게 큰 목소리로 가장 강조하는 부분이기도 하다. "힘 빼고 툭툭 써보세요. 그냥 뱉어 내세요. 다른 사람에게 보여주기 글은 쓰지 마세요. 매일 꾸준히 쓰세요. 욕심은 내려놓으세요. 아직 글도 쓰기 전에 내가 쓴 책이 베스트셀러 되는 상상을 하고, 저자 강연회 때 어떤 옷을 입을지 고민 따위 제발 하지 마세요." 들켰다, 내 마음.

솔직히 고백하건데 글을 쓰다 보면 이런 기가 막히고 말도 되지 않지만 기분 좋은 상상이 자동으로 떠오른다. 골프를 1년 배우고서 KLPGA에서 트로피를 들어 올리는 상상을 하는 것과 매한가지인데 스스로 생각해도 웃기고 있다. 60년 넘게 글을 써왔고 동식물, 인물, 환경, 역사, 지질학 등을 주제로 30여 권 책을 써서 퓰리처상을 받은 존 맥피 작가도 『네 번째 원고』 책에 이렇게 고백한다. 글을 쓸 때는 타불라 라사(백지 상태)가 된다고.

초고에 애먹는 딸에게 "첫 번째 원고는 뭐든 괜찮으니 그냥 내뱉고 토해내고 짓껄이렴." 이렇게 응원하지만 정작 자신은 도입부를 쓰지 못해 끙끙대는 경우도 있다고 고백한다. 60년이라는 내공을 가진 작가도 글쓰기가 어렵다고 토로하고 있다. 그런데 나는 고작 작년에 책을 한 권 쓴 것이 전부인데 힘을 툭 빼고 자연스럽게 써 지겠는가. 지금은 그냥 써지는 대로 한번 써보자 하고 오기로 써 본다. "매일 한 꼭지는 쓴다."라고 스스로 주문을 걸어본다. 나중에 퇴고를 하고 또 하면 되니까 오늘 내가 할 수 있는 분량에만 정성을 쏟아볼 참이다.

요가를 잘하는 사람한테 비결이 뭐냐고 물어보면 힘을 빼고 연습한 결과라고 말한다. 나 또한 넘어지고 힘들어도 꾸준히 지속적으로 한 결과 어느새 요가를 즐기기에 이르렀다. 글쓰기도 마찬가지일 터. 써보고 또 써야만 된다. 시간과 정성이 쌓인 글들이 모여서 다듬어지고 간결해지고 쉽게 읽히는 글이 될 것이다. 글을 쓰다가도 잘 안 써지는 이유는 욕심 때문이다. 잘 쓰고 싶은 욕심 때문에 글을 쓰다가도 자꾸 힘이 들어간다. 생각 같아선 이렇게 써봐야지 하다가도 쓰려고 앉으면 모든 단어들이 사라져버린다. 어찌어찌해서 겨우 썼다손 치더라도 읽어보면 이것도 글이라고 썼나 싶다.

힘 뺀 사람을 만나면 부럽고 존경하는 마음이 생긴다. 그 사람이 부러운 게 아니라 그동안 쌓아왔던 내공이 부럽다. 많은 시간의 연습과 노력, 경험치가 쌓여서 자신을 넘어서는 그 과정에서 체득한 자신만의 노하우, 경험들이 결코 무시할 수 없기 때문이다. 누군가에게 뺏길 수도 없고, 모방한다고 되는 것도 아니기에 더욱더 존경이 생긴다. 스타강사 김창옥 씨가 강연하는 모습을 보면 힘을 빼고 안방에서 편안하게 말하는 것처럼 느껴진다. 그렇게 되기까지 한 두 번의 연습으로 지금의 모습이 만들어지진 않았을 것이다. 100세 철학자 김형석 교수님은 환한 미소 속에 선하고 아름답게 삶을 산 시간의 흔적이 그대로 나타난다. 나이는 나보다 곱이나 많으시면서 어쩜 저렇게 해맑은 미소가 나올 수 있을까. 누가 이분을 노인이라 말 할 수 있을까. 해박한 지식이 방대함에도 불구하고 죽을 때까지 배워야 한다고, 어깨에 힘이 들어가지 않은 이 철학자의 밝은 에너지와 아름다운 삶의 태도를 나도 닮고 싶다.

『책 쓰기』의 저자 이은대 사부님의 말을 믿어본다. "어제보다 조금 나아진다는 것에 만족하고 글쓰기에 집중하세요." 조금은 힘이 난다. 써봐야겠다는 마음도 먹어본다. 요가도 힘을 빼고 필요한 근육만 효과적으로 사용했을 때 요가 자세가 깊고 아름답다. 어느 날 되지 않던 자세가 훅 되었다. 힘을 빼야지 의식하지 않아도 자동으로 힘 빼기가 되었다. 힘을 뺐더니 지치지도 않고 재미있고 자세교정도 빨랐다. 지금 나는 두 번째 책을 써보는 목표를 정했다. 지금은 오로지 글쓰기에 시간과 노력을 기울일 때다. 하루도 빠짐없이 글쓰기를 해본다. 하루에 한 꼭지씩 써본다. 하루아침에 간결한 문장이 나오진 않을 것이다. 하지만 요가처럼 묵묵히 쉬지 않고 하다 보면 저질 몸뚱어리에서 유연하고 건강한 몸으로 되었듯이 글도 점점 나아지리라는 기대는 해본다.

06

두 개의 마음

때는 팔월 중순이었고 태풍으로 인해 장대비가 쉬지 않고 퍼
부었다. 일을 마치고 얼른 아이들 저녁을 챙기고 시계를 보니 요
가 수업 시작 전 40분의 여유가 생겼다. 습도가 높은 탓에 몸은
무겁고 피곤이 밀려왔다. 조금만 누웠다가 가야지 하고 침대에
누웠다. 온몸이 노곤해지면서 엿가락처럼 녹아내렸다. 아이들과
함께 부둥켜안고 뒹굴고 있다. 샤워한 딸의 머리카락을 드라이
어로 말려준다. 무단히 팔씨름을 해본다. 아들은 엄마를 이겼다
고 좋아한다. 오른쪽엔 딸이 왼쪽엔 아들이 팔베개를 하고 누웠
다. 이대로 잠들고 싶다.

"아, 가기 싫다."

이 말을 내뱉고 나니 가지 말아야 할 이유가 줄줄이 나온다.

비가 오니까,

어두운 저녁이니까,

방에서 피로를 풀어보렴.

오늘 안 간다고 큰일 나는 건 아니잖아.

그래, 오늘 하루만 쉬자.

내 안에서 온갖 말들이 나를 유혹한다. 날씨 탓도 아니고 저녁 탓도 아닌데 내가 가기 싫은 것을 이렇게 핑계를 찾아내고 있었다. 그러나 나는 답을 알고 있었다.

"어깨 통증에서 벗어나려면 요가원에 가야 한다."

이 말을 하고 나서 몸을 일으켜 신발을 찾는다. 결국은 요가원이다. 왜냐하면 시작은 고통으로 시작해도 마치고 집으로 돌아오는 길은 기쁘고 행복하기 때문이다. 1시간 30분 동안 무사히 해냈다는 뿌듯함이 좋았다. 새로운 자세를 배우면 이렇게도 해보고 저렇게도 해보고 오로지 몸에 집중하는 그 몰입이 좋았다. 잡념이 들어올 틈이 없다. 잠깐 딴생각을 할라치면 꽈당 무너져 내리기 일쑤다. 젠장. 나도 모르게 욕이 나온다. 얼마나 정직한가. 속일 수가 없다. 넘어지고 비틀거리고 실패를 통해 배워 가는 과정에서 하면 되는구나, 할 수 있겠다 싶은 자신감이 스멀스멀 올라온다. 이런 자신감은 어디서 오는 걸까. 무한 반복에서 경험치가 쌓여서 오로지 내 몸으로 체득했기 때문에 자신감이 생긴 것이다. 시간 들여 노력한 만큼 자신감은 쌓여 갔다. 자연스럽게 발걸음은 가볍고 콧노래를 부르며 집으로 오는 길은 신바람이 났다. 지금 이 순간 기쁘고 행복하다. 오늘이 기쁘고 행복하다면 이미 기적이 아닐까. 알베르트 아인슈타인은 이렇게 말했다. "삶을 사는 방법은 딱 두 가지다. 하나는 아무것도 기적이 아닌 것처럼 사는 것이다. 다른 하나는 모든 것이 기적인 것처럼 사는 것이다."

하루도 빠짐없이 요가원에 가는 일은 쉽지 않다. 갈까 말까 망설여질 때도 수두룩하다. 수많은 유혹을 뿌리치는 것도 쉬운 일은 아니다. 요가 할 때, 아프고 불편한 쪽은 잠시 접어두고 내가 얻는 좋은 점들에 초점을 맞추면 조금은 견디기가 수월해진다. 요가는 몸을 움직인 만큼 몸이 반응하는데 하면 할수록 이런 정직함이 마음을 쏠리게 한다. 거북목도 교정되었고 바른 자세로 잡아주었다. 다른 무엇보다 요가는 심플하고 정직하다는 것이 나는 좋다. 요가는 오로지 내 몸으로 자세를 배워가는 과정에서 어느 날 "아하" 하는 순간이 선물처럼 온다. 요가는 공들인 만큼 노력한 만큼 그대로 나타나는 것이 눈으로 보여서 좋다. 어떤 요가 자세를 할 수 있는가, 몇 시간을 하는가는 중요하지 않다. 요가를 하다 보면 어깨 아픈 나, 허리 아픈 나를 만나고 마음을 만난다. 내 어깨가 왜 이럴까, 자책하기도 한다. 그러다 이 또한 내가 혹사해서 그리된 것을 후회하고 반성하는 시간이 온다. 비로소 나를 돌아보고 보듬어주는 측은지심이 생긴다. 요가로 나아가는 길에서 발전의 표시는 나 자신을 되돌아보면서 내 모습을 그대로 알아차린다는 것이다. 잘못된 자세는 바로 잡고 그릇된 마음은 정갈하게 다듬고 조금씩 수정해 나가는 것이다. 알아차리고 인정하고 바로 잡는 것이야말로 지금 이 순간 내 자리에서 최선을 다하는 모습으로 이끌어준다. 요가를 20년째 하고 있다. 그것은 내가 요가를 잘할 수 있는 타고난 몸을 가졌거나 타고난 요가 재능이 있어서가 아니다. 오히려 저질 몸뚱어리였다. 다만 몸을 일으켜 하루도 빠지지 않고 요가원에 갔을 뿐이다. 가고 싶지 않은 마음이 생길 땐 내가 얻는 좋은 점들에 초점을 맞추고 몸을 움직였다.

요가를 통해 내가 배우고 얻은 교훈은 얼마나 내가 소중한지, 가게에 수많은 고객들이 찾아오는 것도, 아름다운 고객을 만날 수 있다는 것도, 산책을 하고 자녀들과 깔깔대는 소소한 일상이 축복이란 사실을 깨달았다. 드디어 나는 모든 것이 기적인 것처럼 살고 있다.

〈요가후기〉

오늘도 수고한 당신, 남들이 알아주지 않아도 나는 알고 있죠. 오늘도 열심히 살았고 최선을 다했다는 것을요. 그러니 스스로에게 토닥여주세요. 그런 내 몸에게 오늘은 몸통을 비튼 삼각형 자세(파브리타 트리코나 아사나)를 함께 해볼게요. 어깨가 뻐근해지면 매트가 없어도 가능해서 근무시간에 즐겨하는 동작인데 하고 나면 시원해요. 이 자세는 어깨 통증 완화와 등 근육 신장에 탁월한 효과를 볼 수 있어요. 발목, 무릎, 넓적다리를 강하게 하지요. 몸통을 비틀어 허리와 엉덩이의 지방을 제거해주니 허리가 예뻐지고 관절통에도 좋아요. 하루 하고서 당장 좋아지길 기대하면 안 돼요. 요가 자세를 몇 번 했다고 해서 단박에 건강해지거나 자세가 교정되진 않아요. 내 몸에 습관이 될 때까지 틈틈이 같이 해보기로 해요.

요가 TIP

허리를 숙이는 느낌이 아니라 엉덩이와 등을 밀어주는 느낌으로 하면 척추가 곧게 펴진다. 가슴을 열어주면 호흡이 한결 편하다. 새끼 발가락에 손이 닿지 않는 경우 엄지발가락 옆에 놓고 숙여본다. 요가의 모든 자세는 오른쪽에서 왼쪽으로 진행된다. 오른쪽을 끝냈다면 왼쪽도 같은 방법으로 자세를 진행하면 된다. 〈사진참조〉

1. 발을 모으고 정면을 보고 선다. (엉덩이와 배에 힘을 주고 몸을 곧게 세운다)
2. 발을 어깨너비보다 조금 넓게 벌린다. (오른발은 90도 바깥쪽, 왼발은 안쪽 45도 틀어준다)
3. 몸을 오른 방향으로 돌리고 상체를 숙여 왼손을 오른발 새끼발가락 옆에 둔다. (몸통을 튼 상태)
4. 오른손은 하늘을 향하게 뻗어준다.
5. 가슴, 엉덩이는 일직선, 다리는 견고하게 지탱한다.
6. 시선은 하늘을 향해 뻗은 손끝을 바라본다. (30초 유지)
7. 숨을 고르고 1번 자세로 돌아와서 왼쪽 방향도 같은 방법으로 한다.
8. 왼쪽으로 몸통을 틀고 오른손을 왼발 새끼발가락 옆에 두고 왼팔은 하늘을 향한다.

사진 3. 삼각형 자세

잘 울었다

매일 눈물이 난다.

몸에 힘이 하나도 없다.

세상 천지에 나 혼자뿐인 것 같다.

자고 일어나도 피로하다.

사는 재미가 하나도 없다.

내가 하는 일이 싫다.

사소한 일에도 짜증이 나고 화가 난다.

말수가 점점 줄어든다.

과격한 행동을 한다.

죽고 싶다.

    20년 전, 한없이 우울하고 눈물 나게 외롭고 아팠던 시절 나에게 찾아온 증상이다. 한마디로 말하자면 우울증인데 그땐 우울증이 찾아온 줄 몰랐다. 그저 이런 상황에서 벗어나기 위해, 내가 살기 위해, 자녀들에게 좋은 엄마가 되기보다는 이런 모습은 이제 그만하고 싶어서 찾아간 곳이 요가원이다. 원장님은 우울증 증상이라며 자신을 믿고 같이 극복해 보자고 말했다. 이왕이면 하루도 빠지지 말 것을 당부했다. 원장님의 관심과 배려로 요가원에 빠지지 않고 갔지만 매번 요가원에 갈 때는 어제보다 덜 아팠으면 좋겠다, 이 마음만 간절했다. 어느 한 가지 쉽게 되는 것은 없었고 모든 요가 자세에서 몸의 통증은 산고의 고통보다 더 심했다. 내 몸이 이렇게까지 엉망진창인줄 몰랐다. 신세한탄과 함께 눈물이 자동으로 흐른다. 원장은 실컷 울어도 된다고 안쪽에 위치한 차를 마시는 다실로 안내해 주었다. "울 만큼 울고 나오세요." 이 말이 얼마나 위로가 되든지.

    다실에서 문을 닫고 소리 내어 울었다. 마음껏 울었다. 후련했다. 요가에 입문하고 두 달은 하루도 빠지지 않고 울음이 나왔다. 매번 요가를 시작할 때는 겁나고 도망가고 싶었지만 마칠 때는 여기에 오기를 잘했구나, 내일도 빠지지 않고 와야지, 이런 마음이 들게 했다. 다름 아닌 요가원은 나에게 비상구였다. 요가를 마치면 항상 차를 나누면서 마음에서 일어나는 감정과 몸의 느낌을 나누는 시간을 가졌다. 요가를 하는 것보다 차를 함께 나누는 자리가 사실 더 좋았다. 왜냐하면 그동안 나는 갑자기 교통사고로 어머니가 돌아가시자 매일 눈물이 났고, 사업장은 제때에 밥을 먹을 수 없을 만큼 바빴고, 일을 마치면 살림과 육아로 지쳐 쓰러졌고, 나의 마음속 응어리를 누구에게 하소연할 곳이 없었다. 말수가 점점 줄어들고 숨기만 하고 암울했던 나에게 요가원은 한 줄기 빛이었다.

요가원에 수강자들이 나를 포함해서 6명이었다. 내 입장에서는 다행이고 고마운 일이었다. 수강자들이 적었기 때문에 원장님은 나에게 집중적으로 교육을 할 수 있었다. 몸과 마음을 챙기는 방법으로 요가보다 더 좋은 것은 없다고 나는 확신한다. 지금 생각해 보면 요가를 하는 동안 근육이완법으로 아사나, 복식호흡, 명상이 우울한 감정을 차츰 잦아들게 했다. 희한하게 나를 사랑하게 되고 점점 평안하게 했다. 세상이 내 뜻대로 되지 않을 때, 펑펑 울고 싶은 날도, 누군가로부터 마음을 다친 날도 그 모든 순간에 요가는 나를 위로해 주었다. 내 모습이 초라하고 한없이 작아질 때도 요가매트 위에서만큼은 제대로 숨통이 트이고 나를 인정하고 존중하게 되었다. 요가는 어머니와 같은 위안을 주고 우울한 마음을 치유해 준다는 것을 발견했다. 누군가 주변에 우울증이 있다면 주저 없이 요가를 추천하는 이유이기도 하다. 아사나, 복식호흡, 명상이 나에게 준 기적 같은 선물은 다음과 같다.

아사나(요가 자세)를 할 때 찾아오는 고통은 말할 수 없이 아팠지만 몸을 늘리고 비틀고 거꾸로 서는 과정에서 마음이 말을 걸었다.

너무 애쓰지 마라.
괜찮다.
일만 하지 말고 좋아하는 것도 하고 살아라.

'복식호흡'은 요가 자세를 할 때나 명상을 할 때 항상 수반되는데 마음을 차분하게 하고 스스로 위로하는 효과가 있다. 호흡만 제대로 해도 모든 에너지가 충전되는 느낌이란 신비에 가깝다. 달랑 호흡 하나로 이렇게 된다는 것이 신기하고 설명이 되지 않지만 사실이다. 꼭 요가를 할 때뿐만 아니라 근무시간에도 혹은 화장실에 잠시 앉아 있을 때도 의식적으로 복식호흡을 한다.

무심히 쉬는 숨이 아니라 천천히 내 안을 살피는 호흡은 마음을 차분하게 다독여준다. 의식적으로 복식호흡을 하다보면 평소에 얼마나 얕은 숨을 쉬고 있었는지 알게 된다. 천천히 깊이 생명의 에너지를 가득 채우고 몸속 단전까지 머물다 천천히 내어 쉬는 숨은 내 몸을 샅샅이 살피는 도구로 그만이다. 숨 쉬는 건 누구나 식은 죽 먹기라 하지만 제대로 숨 쉬는 것도 연습이 필요하다. 나는 숨을 참을 줄만 알고 제대로 쉴 줄 몰랐던 때를 지옥이라 부른다. 웃음을 잃었고 사는 재미가 하나도 없는 시절, 매일 어깨 통증으로 눈물이 났고 이래서 울고 저래서 울고 울음을 달고 살았다. 요가를 통해 한발 물러나서 나를 본 모습은 울음이 가득한 가여운 사람이, 자신을 돌보지 못한 어리석은 사람이 보였다. 그런 나를 보살펴주고 토닥여주기 시작했다. 살기 위해 선택한 요가 덕분에 이제는 제대로 숨을 쉴 수 있게 되었다. 나는 매트 위에서 숨통이 트이기 시작했고 가장 숨다운 숨을 쉬었다.

'명상'은 호흡에 집중하면서 머릿속에 떠오르는 잡념과 다양한 감각을 흘려 보내 듯 바라보는 것에서 시작한다. 처음엔 잘 되지 않는다. 오만가지 생각이 떠다니고 옆에 동료들은 어떻게 하는지 실눈으로 흘깃 보기도 한다. 언뜻 보면 명상이 쉬워 보

이고 요가 자세가 어렵게 보이지만 명상이 훨씬 어렵다는 사실
에 웃음이 난다. 보이는 게 다가 아니다. 때론 보이는 대로 판
단하는 내가 얼마나 어리석은지 깨닫는 시간이다. 자세를 공들
여 하다 보니, 몸을 많이 괴롭힐수록 쉽게 명상에 집중할 수 있
었다. 그러니 자세를 하다가 찾아온 몸의 고통은 기꺼이 즐기
면 된다. 요가 자세를 정성껏 할수록 명상이 더 잘된다는 사실
이 매일 매트 위에 나를 서게 한다. 명상은 한 대상에 머물러 있
는 것이 아니라 전체적인 상황에 밝고 뚜렷하게 깨어있는 것을
말한다. 그저 마음을 고요히 하는 것이 아니라 나를 알아차릴
수 있게 해주고 나쁜 것은 버리고 좋은 에너지는 끌어당겨 보다
행복한 삶이 되도록 나를 이끌어준다.

쉼표 하나

고백할 것이 있다. 나는 지금 사랑에 빠졌다. 일을 할 때, 강의를 할 때, 쉼표 시간에 만나는 모든 생명에게 미소를 보내고 있다. 지금에 집중한다. 내 몸에 에너지를 충전하는 쉼표 시간에 요가는 매일 빼먹지 않고 하면서 좀처럼 잘되지 않는 것도 있어서 머리를 쥐어박을 때도 있다. 그래도 괜찮다. 너무 완벽하면 밥맛없다. 조금은 꺼벙하고 야무지지 못한 내가 인간적이고 매력적이다. 지금 내가 사랑에 빠진 것을 공개한다.

• 숲 그늘에서 시낭송하기

- 맨발로 산책하기
- 숲속에 누워 나뭇잎 사이로 하늘 보기
- 알람 없이 실컷 잠자기
- 징검다리에 앉아서 물장구치고 놀기
- 텃밭에서 채소랑 수다떨기
- 그저 먹고 자고 개기기
- 적게 먹고 먹은 만큼 움직이기
- 바람을 가르며 자전거 타기
- 요가매트에서 1시간 놀기
- 음식은 천천히, 오래 씹기 (빨리 먹으려다 입술까지 씹는 일은 이제 그만)
- 물건 정리하기 (옷, 신발, 책 등 버리기가 이렇게 어려울 수가)
- 햇볕 샤워 30분 즐기기

근무시간을 4시간 줄이고 이런 것들로 쉼표를 채워갔다. 누군가는 말은 쉬어야지 하면서 여전히 몸을 쓰잖아, 쉼은 아무것도 하지 않는 것이라 말한다. 나에게 쉼표는 일을 하느라 소중한 것을 잊고 살았던 것을 다시 찾는 것이다. 근무시간을 줄이는 자체가 쉼이자 노동과 스트레스에서 벗어나는 것이었다. 매일 산책을 하고 요가를 하고 자녀들과 깔깔대는 시간이 나에게는 쉼이다. 이 시간이 나에게 기쁨과 여유를 주었다. 자동으로 자녀들에게 많이 웃어주고 사랑 표현도 풍부해졌다. 이렇게 예쁜 아이들에게 왜 그동안 화를 내고 짜증을 냈던가. 아이들과 보내는 시간도 숙제하듯 하지 않았다. 진심으로 아이들과 함께 놀이하듯 놀았다. 내가 지금 행복하다면 이미 충분히 충분하다. 이렇게 행복하고 평안한 상태를 나는 쉼이라 말한다. 드디어 나에게도 틈이라는 것이 생겼다. 삶에 지치고 여유가 없을 때, 사는 재미가 하나도 없을 때 나에게 쉼표 하나를 주문하자. 카페에서 커피를 주문하듯 나에게 툭 던져본다.

"여기요, 쉼표 하나 주세요."

커피 주문은 매일 하면서 나를 위한 쉼표 주문은 왜 매일 하지 못하는가. 바쁜 일상 속에서 어쩌면 우리에게 필요한건 몸도 마음도 쉴 수 있는 잠깐의 쉼이 아닐까. 잠깐의 쉼표로 인해 나는 일상 속에서 놓치고 살았던 소중한 것을 발견하기 시작했다. 사는 게 재미있고 즐겁다. 그리고 그것을 위해 기꺼이 시간을 낸다. 남편에게도 당당하게 말한다. 쉼표 시간을 자주 만들자고. 책임감이 강하고 성실한 남편과 매번 이런 일로 툴툴거린다. 열심히 일하려는 자와 놀고 싶은 자는 어쩔 수 없이 툴툴거리면서 따로 또 같이한다. 책임감 강하고 성실해서 결혼했는데 이제는 그것 때문에 툴툴거리다니. 무책임하고 게으른 사람에 비하면 복에 겨운 투정이다. 내가 쉼표 시간에 하는 것들을 보고 눈치 챘겠지만 하루도 빠지지 않고 하는 것이 요가와 산책이다. 숨을 쉬고 밥을 먹듯 요가는 생활의 일부가 되었다. 이렇게 좋은 것을 혼자 하기는 아깝다. 그래서 만나는 사람마다 요가를 권한다.

"어머, 피부가 너무 좋아요. 화장품 비싼 거 쓰시죠?"

"저 같은 사람 열 명만 있어도 화장품 회사는 망할걸요. 요가를 하면 독소가 빠지고 숙면을 하니까 자동으로 피부가 좋아져요."

"군살이 하나도 없네요, 몸매 비결이 뭐예요?"

"매일 요가를 하면 근력은 강해지고 체지방은 없어져요."

"어떤 방법으로 스트레스를 푸나요?"

"요가를 해보세요. 몸은 건강해지고 마음은 평온합니다."

"매일 남편과 같은 공간에서 일을 하면 싸우지 않나요?"

"매일 툴툴거려요. 그게 사는 거지요. 입 다물고 한 집에 살기만 하면 뭔 재미로요."

매일 요가를 해보면 안다.

매일이 새롭고 기쁨이라는 걸.

빠름에서 느림으로

얕은 숨에서 깊고 편안한 숨으로

바쁜 일상에서 기분 좋은 '틈'이라는 걸.

이렇게 만족하고 평안한 상태가

얼마나 소중하고 감사한지를

드디어 나는 모든 것이 기적인 것처럼 살고 있다.

근육질 남자의 비명

　가슴이 빵빵하고 배에 王자가 보이는 남자가 요가원에 왔다.
운동이라면 뭐든 자신 있다고 했다. 배구, 축구, 야구, 배드민
턴, 골프까지 섭렵한 운동 애호가였다. 한눈에 봐도 몸이 단단
하고 오랫동안 운동으로 다져진 건장한 중년으로 보인다. 위에
있는 운동 종목을 보고 감 잡았겠지만 한쪽 방향으로 과하게
하는 운동은 몸의 균형을 깨트린다. 특히 배구, 야구, 배드민턴,
골프는 오래 할수록 체형의 불균형이 올 수밖에 없다. 허리 통
증 남자는 한의원에서 침을 맞기도, 병원에서 물리치료도 받았
지만 소용없었다고 한다. 요가를 하면 허리 통증이 없어진다고

듣고 찾아왔다. 허리 통증으로 얼굴은 찡그려진 상태로 눈에 힘을 주어 말했다.

"허리 통증만 없어진다면 더 이상 바랄 게 없습니다."

예전에 내가 어깨 통증만 없어진다면 아무것도 부러울 것이 없었던 시절이 떠올랐다. 오직 하나 소원이 있다면 어깨 통증이 없어지는 것뿐이었다. 다행히도 요가를 통해 지금까지 몸을 교정하고 통증은 없어졌다. 자세가 흐트러질 때는 알아차리고 바로 잡는다. 허리 통증 남자는 3개월 과정을 예약하고 수업에 들어갔다. 매트 위에서 몸 풀기를 하는데 비명을 질렀다. 보통 남자들은 아파도 아프지 않은 척, 약해도 약하지 않은 척하기 일쑤인데 허리 통증 남자는 몸이 느끼는 감정을 숨김없이 표현했고 궁금증도 많았다.

Q. 요가를 하면 어떤 점이 좋나요?

A. 첫 번째는 가슴 아래부터 허벅지 윗부분까지 몸통의 가장 중심이 되는 근육을 통틀어서 코어라고 하는데 코어의 힘이 좋아진다. 두 번째는 코어에 힘이 생기면 자세도 바르게 되고 걸음걸이도 반듯하고 몸 전체교정에 많은 도움을 준다. 목, 어깨, 허리 통증이 있는 사람은 몇 가지 자세만 꾸준히

해도 효과를 볼 수 있다. 세 번째는 체지방은 줄어들고 근력은 강화된다.

Q. 하루에 얼마나 요가를 해야 하나요?

A. 초보자라면 요가를 장시간 하는 것보다 짧게라도 매일 하는 것을 추천한다. 운동을 긴 시간 한다고 해서 효과가 좋은 건 아니다. 요가를 시작한다고 갑자기 오랜 시간하면 근육이나 관절에 무리가 올 수 있다. 처음 시작은 매일 40분씩 꾸준하게 하는 것을 목표로 정하면 좋겠다. 오늘 했던 자세를 석 달 정도 반복하면 좋다. 매일, 꾸준히 하다 보면 몸도 요가 자세에 쉽게 반응하고 집중하게 된다. 그렇게 하다 보면 어느새 1시간을 훌쩍 넘기고 있는 자신을 발견하게 된다.

Q. 자세를 하다가 다치거나 통증이 오면 어떻게 해야 하나요?

A. 예방이 최우선이다. 요가 동작은 평소에 자주 쓰지 않는 근육과 자세들이 많기 때문에 근육이 놀래고 통증과 부상을 입을 수 있다. 나는 오히려 요가를 하면서 오는 통증을 즐기는 편이다. 이 또한 살아있기 때문에 오는 선물이구나 생각한다.

통증이 있다면 내 몸이 교정되고 있다는 증거다. 일상생활에 불편함을 주는 정도가 아니라면 작은 통증 또한 즐기면서 하시라. 그러나 큰 부상은 오히려 몸을 괴롭힌다. 부상을 방지하려면 요가를 시작하기 전 스트레칭을 해주는 것이 좋다. 스트레칭은 단순한 몸 풀기가 아니다. 관절을 유연하게 하고 혈액순환을 돕고 부상을 예방한다. 모든 운동은 시작도 마무리도 스트레칭이다.

Q. 저 사람은 잘 되는데 왜 나는 안 될까요?

A. 모든 사람이 생김새가 다르듯이 체형이나 고민, 문제를 안고 있는 몸 상태도 다르다. 똑같은 자세를 하더라도 사람마다 몸에 찾아오는 반응은 다르다. 어떤 이는 허리에, 어떤 사람은 다리에 반응이 올 수 있다. 똑같은 자세라도 어제의 자세와 오늘의 자세는 다르다. 요가는 자기만의 체형에 맞게, 자기만의 몸에 있는 문제를 들여다보고 묻고 해답을 하나씩 찾아가는 과정이다. 끊임없이 해보고 다른 방법도 시도해보는 것이 요가다. 요가를 수련이라 하는 이유이기도 하다. 수련하는 과정에서 내 몸과 마음을 알아가는 과정이 중요하다. 다른 사람의 자세를 보고 조금의 도움은 받을 수 있겠지

만 그대로 따라했다가는 큰코다친다. 팔이 길거나 다리가 긴 사람은 남들보다 우아하고 아름답게 자세가 나온다. 부러운 팔, 다리를 내 몸에 갖다 붙일 수 없는 노릇이고 내 몸에 맞는 나만의 색깔로 자세를 하면 된다. 오히려 나만의 자세가 훨씬 아름답다. 부디 다른 사람과 비교하지 말기를. 어제보다 호흡이 편해졌다면 충분하다. 턱이 다리에 닿지 않아도, 무릎이 다 펴지지 않아도, 중심을 잡기까지 오만 오두방정을 해도, 발끝을 잡지 못해도 괜찮다. 느려도 괜찮다. 포기만 하지 않으면 된다. 매일, 자주, 꾸준히 하는 것을 추천한다. 물방울이 바위를 뚫는 것은 힘이 아니라 꾸준함이다.

허리 통증 남자의 요가 시작은 따지고 엄살 부리고 때로는 어려운 동작은 하지 않을 때도 있었다. 한 번씩 혼잣말로 욕을 내뱉기도 했지만 지금은 자신의 사무실에서 꾸준히 몸을 세우고 스트레칭해서 허리 통증하고는 거리가 멀어졌다. 불면증으로 수면 유도제를 매일 복용했는데 요가를 하고부터 잠도 잘 자고 소화도 잘된다고 요가사랑에 푹 빠진 한 사람이 추가되었다. 고마움에 한 번씩 밥을 사고 명절이면 선물 꾸러미로 고마움을 전하기도 하는 허리 통증 남자는 가장 보람 있는 고객으로 남았다.

〈요가후기〉

두통이 있거나 피곤할 때 좋은 쟁기 자세를 같이 해볼까요. 자세를 완성하고 나서 쟁기처럼 되었는지 상상해보세요. 어깨와 목의 뭉친 근육을 풀어 줍니다. 척추를 교정하고 유연하게 유지하도록 돕기 때문에 허리 통증이 있는 사람이 하면 좋은 자세예요. 천천히 호흡을 고르면서 같이 해볼까요. 이 자세만 잘 잡아도 나중에 어깨서기를 연결해서 할 때 많은 도움이 된답니다.

요가 TIP

발가락을 머리 뒤로 보내는 것보다는 척추를 곧게 세우는 것에 집중한다. 목과 어깨가 뻐근하다면 더욱더 척추를 곧게 세운다. 어깨와 팔, 허리가 시원해졌나요. 발가락이 머리 뒤로 닿지 않는 초보자는 낮은 의자를 이용해서 발을 의자 위에 놓아도 된다. 무리하지 말고 조금씩 내 몸을 늘려보세요. 〈사진참조〉

1. 매트 위에 등을 대고 두 다리를 펴고 편하게 누워본다.
2. 두 팔로 밀면서 복부 힘으로 발끝을 하늘 방향으로 올려준다.
3. 손바닥으로 매트를 밀어주며 복부에 힘을 줘서 다리를 머리 뒤로 보낸다.
4. 바닥에 발가락을 닿게 하고 다리는 무릎을 편 상태로 지탱한다.

5. 가슴이 턱에 붙는 느낌으로, 발끝은 바닥을 누른다.

6. 처음에는 손을 등이나 허리에 받쳐서 유지하고 안정된다면 손을 바닥
   으로 둔다.

5. 충분히 호흡을 해준다. (30초 이상 자세 유지)

6. 내려올 땐 손은 등에 받쳐주고 다리를 위로 올렸다가 복부 힘으로 바
   닥에 내려 준다.

사진 4. 쟁기 자세

10

사랑은 침이 고인다

요가 봉사 가는 날은 평소보다 두 시간 늦게 가게에 출근한다. 매장에 들어서니 커피와 빵이 눈에 들어온다. 대학교에서 공부하면서 인연이 된 언니가 두고 갔다고 짝지가 말했다. 그 맛있다는 빵집 로고가 박힌 종이가방을 열어본다. 구수한 빵 냄새, 윤기 흐르는 빛깔 좀 보소. 입 안 가득 침이 고인다. 빵을 한 입 베어 물고 커피 향을 만끽한다. 구수한 커피향이 기분 좋게 온몸을 감싼다. 행복하다.

"언니, 커피랑 빵 놓고 가셨네요. 완전 감동이에요."

"응 맛있게 먹어, 너 보러 갔다가 얼굴도 못 보고 그냥 왔네."

무더운 8월 중순에 땀을 흘리며 한 손엔 커피와 빵을 다른 손엔 부채질을 하고 왔을 언니의 모습이 자동으로 그려졌다. 대학교 수업을 할 때도 언니는 항상 부채를 손에 쥐고 있었다. 겨울에도 열난다며 부채질을 하곤 했는데 여름에는 오죽할까. 당연히 매장에 내가 있을 줄 알고 왔다가 커피와 빵을 놓고 간 언니의 마음이 어땠는지 가늠이 된다. 언니의 마음이 그대로 빵과 커피에 녹아있었고 기분 좋게 한다. 뜻밖의 선물에 하루 종일 웃으며 일했다. 고객들에게도 방실방실, 짝지에게도 오늘만큼은 싱글벙글이다. 짝지가 목에 핏대를 세우며 툴툴거려도 토를 달지 않겠다. 오늘은 그 어떤 진상고객이 와도 인내심이 바닥나진 않을 것 같다. 선물이 이렇게 기분 좋게 하는구나. 사랑을 받아본 사람은 안다. 마음을 담는다는 것, 마음을 나눈다는 것이 기적이라는 걸. 축복으로 가득한 오늘, 언니를 통해 배운 것은 내가 받은 사랑을 다른 사람에게 주라는, 그것이 우리가 살아가는 이유라고 말한다.

나이가 많든 적든 진정한 친구를 만나기는 쉽지 않다. 나이 쉰을 넘고 보니 친구관계가 두 갈래로 선명해진다. 더욱더 깊어지는 친구와 자동으로 정리되는 친구로 나뉜다. 내가 생각하는 진정한 친구란 기쁠 때 함께 기뻐해 주는 사람이다. 기꺼이 나의 초대에 응해주고 시간을 할애해주는 사람이다. '친구를 얻는 유일한 방법은 스스로 완전한 친구가 되는 것이다'라고 에머슨은 말했다. 우정이란 시간이 간다고 저절로 깊어지는 것이 아니다. 텃밭을 가꾸는 것처럼 친구관계를 키워 가는데도 많은 시간과 노력과 관심이 필요하다. 좋은 친구를 만나려거든 내가 먼저 좋은 친구가 되어 주어야 하는 것은 동서양을 막론하고 통하는 상식이다. 궂은일이나 나쁜 일은 쉽게 공감하고 위로의 말을 건네지만 좋은 일에 진심으로 기뻐해 주는 일은 쉽지 않다. 항상 좋은 일에는 질투심이 생기기 마련이다. 남이 나보다 잘나가는 꼴은 눈뜨고 못 보는 사람이 많다. 나보다 앞서가고 나보다 많은 관심을 받는 친구는 눈에 가시로 생각한다.

작년에 책을 냈다가 평소에 식사자리도 자주하고 누구보다 친한 친구라고 생각했는데 그 친구의 반응은 무서웠다. 축하한다는 말도 하지 않았고 오히려 나를 입방아 찧기에 바빴다. 믿었던 친구에게 뒤통수를 맞고 한참을 그 친구가 무서워서 거리두기를 했다. 상대방의 단점이 보인다는 것은 곧 자신에게 그런 점이 있기 때문이라는 심리학의 이론에 동감한다. 때론 나도 저런 모습으로 비춰지기도 했으리라. 친구를 보면서 나를 되돌아보는 시간이 되었다. 나는 친구한테 축하할 일이 생기면 진심으로 기뻐해줘야지 그 친구를 보면서 오히려 배우는 시간이 되었다. 친구의 단점은 곧 나의 모습이기도 하니까. 어쨌거나 친구란 여러모로 나에게 스승 같은 존재다. 소박한 친구를 만나면 나의 화려한 겉치레가 반성되고, 밝고 환한 친구를 만나면 나도 닮고 싶고, 시기와 질투로 상대방을 끌어내리기에 열을 올리는 친구를 만나면 나는 저러지는 말아야지 배운다. 책을 내면서 진정한 친구가 누구인지 알게 되었고, 친구로부터 배운 것은 친구가 잘나갈 때 진심으로 박수쳐줄 용기도 필요하다는 것이다.

고향친구 중에 기적을 선물하는 친구가 있다. 무슨 말을 많이 하는 것도 아니고 가끔 만나 밥을 먹고 차를 나누고 손만 잡아도 통하는 친구다. 이 친구는 밭농사를 짓는다. 직업이 농부가 아니라 짬나는 시간에 텃밭에 달려간다. 올 봄에는 보약보다 좋은 부추와 머위, 쪽파를 받고 감동 먹었다. 그 외에도 상추, 오이, 고추, 가지, 감자, 호박, 노각을 봄부터 여름까지 이 친구 덕분에 원도 없이 먹었다. 먹을 때마다 친구의 발자국소리를 듣고 자랐을 요것들이 고맙기만 하다. 때로는 땀으로 온몸이 흥건했을 친구다. 때론 천둥 번개가 칠 때는 잠도 설쳤을 것이다. 집 가까이에 텃밭이 있는 게 아니라 40분을 자동차로 이동해야 하니 얼마나 많은 시간과 정성을 담아야 이렇게 수확 할 수 있었겠는가. 그렇게 얻은 귀하디귀한 보물이 나에게 왔다. 하루는 매장에 출근하니 노란 옥수수가 한가득 있다. 짝지에게 누가 주고 갔는지 물으니 고향 친구의 만행이란다. 짝지랑 하모니카 불 듯 옥수수를 먹으면서 하루 종일 배가 불렀다. 사나흘은 굶어도 좋을 만큼 행복했다. 그냥 옥수수를 따서 준다 해도 감동인데 그 많은 옥수수 껍질을 일일이 벗기고 삶아서 바로 먹을 수 있게 해서 온 것이다. 어찌 하루 종일 감동의 물결이 일지 않을 수 있을까. 옥수수가 내 입에 오기까지 친구의 수많은 땀과 정성과 노고가 있었기에 한 알도 흘리지 않고 꼭꼭 씹어서 감사하게 먹었다. 짝지는 그날 이후 내 친구를 '옥수수친구'라 부른다.

옥수수친구는 내가 책을 냈을 때 진심으로 축하해주고 저장 강연회에 참석해서 자리를 빛내주고 야간근무에 들어갔다. 바쁜 중에 시간을 내어주는 것이 진정한 친구라고 몸으로 말해주고 있었다. 시간이 많아도 시간이 없는 친구가 있고 시간이 없어도 시간을 온전히 내어주는 친구가 있다. 나는 이 친구에게 소소한 만행을 저지르고 싶다. 밥을 산다던지, 된장찌개를 나눈다던지, 책을 선물하는 만행을 말이다. 이 친구한테는 앞으로 무조건 시간을 내어 기쁠 때나 힘들 때 옆에 있어줘야겠다.

빵과 커피를 맛있게 먹은 것도, 친구가 감자를 캐왔다든가 옥수수를 삶아 왔다든가 이런 것을 나는 기적이라고 말한다. 때때로 나도 이웃들에게 기적을 선물하는 사람으로 살아야겠다고 배우게 된 하루다.

요가에 꽂혀있는 한
상처 받았다면 빨리 회복할 것이고
넘어졌다면 다시 일어나 몸을 세울 것이고
흔들리다가도 중심을 잡을 것이다.

Part. 2

내 몸이
내 몸이
아니다

요가의 고통

　사진 속 평화로운 여인의 모습만 보고 요가를 판단하면 큰코 다친다. 내가 그랬다. 요가를 한 달 정도 하면 단박에 몸과 마음이 건강해지는 줄 알았다. 그래서 겁도 없이 요가원에 찾아 갔다. 요가원에 걸려있는 사진 속 여인처럼 밝고 온화한 미소로 자세가 자동으로 되는 줄 알았다. 막상 해보니 거저 되는 것도 없고 노력 없이 되는 것이 하나도 없더라. 처음 요가를 접하고 두 달은 내내 울면서 했다. 멀쩡한 사람도 요가를 시작하면 일 주일은 몸살이 나는데 어깨 통증이 심한 나에겐 한마디로 맨발 로 가시밭길을 걷는 것과 같았다. 특히 한 달 동안 경험한 요가는 평생 잊을 수가 없는데 표현하자면 다음과 같다.

극한 고통

눈물 펑펑

다리 질질 끌고 옴

어깨 통증이 심한 상태라 내겐 고통이 엄청 컸다. 목이 돌아가지 않았고 허리, 무릎 통증까지 온 상태여서 죽을 것만 같았다. 요가를 할수록 이렇게 아플 줄 알았다면 요가원에 내 발로 찾아가지 않았을 것이다. 때로는 모르는 게 얼마나 다행인지, 용기를 내게 하는지.

나는 사진 속 평화로운 여인의 모습과는 거리가 한참 멀었다. 이렇게까지 아픈 고통일 줄 전혀 상상도 하지 못했고 평안하거나 정적이지 않다. 여러 동작을 호흡에 따라 계속 연결해서 동작이 이어지는 아쉬탕가 요가는 혼을 쏙 빼놓는다. 계속 쉬지 않고 스승님이 산스크리트어로 구령을 하면 헷갈리고 도대체 뭐가 뭔지 알아 들을 수가 없다. 혀가 굴러가지도 않는 용어로 굳이 말해야 하나, 그래야 있어 보이나, 우리말로 해석해주면 얼마나 좋을꼬. 이런 생각을 하다가도 다른 동료들은 알아듣고 자세를 잡는 걸 보면 나만 바보 같다는 생각이 들고 만다. 몇 번을 헤매다 옆에서 하는 동료들을 따라서 쫓아가기 바쁘다. 겨우 한 자세를 잡고 나면 곧바로 다음 자세로 넘어간다. 당최 따라갈 수가 없다. 하물며 10분만 지나면 온몸에 땀이 흥건하고 몸은 아프고 당기고 폼은 엉성하고 숨은 차고 자동으로 욕이 나온다. 나도 내가 이렇게 욕을 잘할 줄은 몰랐다.

땀과 눈물이 범벅이 된 상태에서 순서도 헷갈리고 쫓아가기 바쁘고 내 몸이 내 몸이 아니다. 옆에서 아무렇지 않게 온화한 표정을 지으며 자세를 취하는 동료들을 보면 대단하고 진심으로 부럽다. 그 사람들은 오늘 이렇게 자연스럽게 동작이 되기까지 엄청난 노력과 시간들이 쌓였기 때문이다. 누가 대신해 줄 수도 없고 오로지 자신의 몸으로 체득한 자세가 얼마나 아름다운지 그 모습에 나는 감탄한다. 나는 통증으로 미소는커녕 얼굴이 찡그려졌다. 내 몸도 저렇게 통증 없는 가벼운 몸이면 얼마나 좋을까 부러워하다가, 나도 열심히 하면 저렇게 되겠지 힘을 냈다가, 두 가지 마음이 계속 일어난다. 요가를 마치고 집으로 돌아오는 길은 무사히 견뎠다는 뿌듯함과 함께 콧노래를 부르며 다리를 질질 끌고 온다. 마치 전쟁터에 나갔다가 승리하고 돌아오는 만신창이 병사처럼.

요가를 하는 이유는 명상을 잘하기 위함이다. *yoga*라는 말은 산스크리트어의 어원 'yuj'에서 나온 것인데 결속, 동참, 유착, 속박의 의미로 주의를 한곳으로 집중시켜 명상으로 나아가는 것을 뜻한다. 어려운 명상을 조금 쉽게 할 수 있도록 몸과 마음을 이완시켜주는 것이 요가다. 요가는 호흡을 통해 배, 머리, 가슴에 있는 응어리를 이완시켜 더 깊게 섬세한 심신 관찰이 가능하게 하는 역할을 한다. 결국 요가는 산만하게 흩어져 있는 마음을 응집된 상태로 이끌어 명상 수행을 쉽게 할 수 있도록 돕는 역할을 한다.

요가를 하다 보면 좋은 몸은 한눈에 들어온다. 좋은 몸은 몸매가 예쁘고 어깨가 둥글고 다리가 쭉 뻗은 각선미가 아니다. 상체와 하체가 폴더 폰처럼 완전히 접어지는 몸이 좋은 몸이다. 어깨로 서는 동작을 할 때 어깨 통증이 전혀 없는 몸이 좋은 몸이다. 다리를 찢을 때 자연스럽게 아기처럼 자유롭게 되는 몸이 좋은 몸이다. 균형 잡을 때 흔들림 없이 오래된 나무처럼 뿌리 깊은 힘을 가진 몸이 좋은 몸이다. 요가 자세를 크고 깊게 하는 몸이 좋은 몸이다. 나와는 거리가 먼 것들. 나는 좋은 몸이 되기는 글렀다. 모든 자세를 할 때마다 출산하는 것처럼 고함을 질렀는데 마치고 나면 원장님은 "오늘 아기를 몇 명이나 낳았는지요?" 물어보면 쪽팔린다. 내일은 요가원에 올 수 있을까.

"하루도 빠짐없이 두 달은 오셔야 합니다. 몸을 교정하려면 그 정도의 노력은 해야 합니다." 원장님은 매일 1:1로 지도를 해 주었다. 그때는 교육생이 많지 않아서 그런 호사를 누릴 수 있었다. 그렇게 씨름하듯 전투하듯 요가를 하다가 두 달 정도 되었을 때 동작을 할 때마다 느껴지는 고통은 오히려 내 몸을 사랑하는 시간으로 바꾸어 놓았다. "사랑하면 알게 되고 알면 보이나니 그때 보이는 것은 전과 같지 않으리라" 조선시대 문인 유한준의 말이 맞구나 무릎을 치게 된다. 요가의 시작은 고통으로 힘들었지만 지금은 매일이 기쁨이고 행복하다. 하루하루가 기적이고 축복이다. 요가의 고통으로 오히려 나를 존중하고 사랑하게 되었기 때문이다.

처음 시작은 힘들어도 조급한 마음만 내려놓는다면 차근차근 하루에 한 시간만 꾸준히 지속적으로 한다면 몸은 교정되고 좋은 몸으로 변한다. 마음먹은 대로 몸이 말을 듣지 않아도 불평하지 말고 느려도 괜찮다. 멈추지만 않으면 된다. 어제보다 호흡이 편해졌다면 그걸로 충분하다. 매트 위에 있는 모든 사람들을 응원한다.

02

비명요가의 쓸모

지금은 어깨가 아프지 않아서 기쁘고 행복하다. 돈은 어깨 아플 때보다 적게 번다. 일하는 시간을 4시간 줄였다. 산책을 하고 요가를 하고 글을 읽고 쓰는 지금은 미소를 머금고 있다. 돈에 매달릴 때보다 내 몸을 보살피는 지금이 훨씬 즐겁다. 일을 마치고 무수한 초록 잎들이 가득한 숲길을 맨발로 걷는 지금이 살맛 난다. 맨발산책을 마치고 마무리는 항상 징검다리에 걸터앉아 물장구를 치고 발을 씻는다. 하천에는 징검다리가 총 14개 있다. 널찍한 징검다리가 어찌나 큰지 두 사람이 마주 지나가도 될 정도다. 그중 일곱 번째 징검다리가 제일 마음에 든다. 돌 모양이 안정적이고 걸터앉기에 안성맞춤인 형태로 나를 반긴다. 졸졸 시냇물을 보고 있노라면 눈도 귀도 즐겁다. 한 번씩 붕어들이 공중에 올라오곤 하는데 반짝거리는 은빛이 눈을 즐겁게 한다. 옆에 아이들은 옷이 다 젖은 채 작은 물고기를 잡느라 이리저리 물속을 걸어 다닌다. 초등 4학년쯤으로 보이는 남자아이 네 명은 그저 깔깔대고 즐겁게 물장구를 치고 논다. 나도 깡충거리며 징검다리를 건너다가 일곱 번째 징검다리에 앉았다. 매번 전세를 낸 것도 아닌데 꼭 이 징검다리에 앉아서 물장구를 치고 발을 씻는다. 주변에 작은 나무들과 들풀과 바람을 온몸으로 느끼는 찰나 오리가족을 만난다. 엄마 오리를 따라 주먹만 한 새끼오리들이 앙증맞게 나들이 나왔다. 도대체 몇 마리인지 손으로 헤아려본다. 총 아홉 마리 새끼오리들이 엄마 오리 궁둥이를 졸졸 따라다닌다. 사랑스런 모습에 나도 모르게 미소가 나온다. 양쪽 산책길엔 사람들이 삼삼오오 산책하고 해를 품은 저녁노을은 곱게 단장을 한 여인처럼 아름답다. '찌르르 찌 찌' 풀벌레 소리는 "나도 여기 있어요." 존재감을 알린다. 이런 자연의 소리를 듣고 있자니 자동으로 미소가 나온다. 지금 내가 이곳에 있다니 즐겁고 고마운 일이다. 이런 행복을 어떻게 돈과 비교할 수 있을까.

감정노동을 하는 서비스직에 일을 하다 보면 여우가 되어야 한다. 기분이 좋지 않아도 웃어야 하고 진상 고객이 말도 안 되는 트집을 잡아도 좋은 게 좋다고 그냥 넘어가는 경우가 다반사다. 가방에 슬쩍 상품을 넣어도 가방 안을 확인하자는 말을 못 할 때도 있다. 그럼에도 언제 그랬냐는 듯 여우처럼 상냥한 말투와 표정으로 고객을 맞이한다. 말끔한 양복을 입은 40대 신사가 매장에 들어왔다. 구두도 반짝반짝 빛이 난다. 매번 매장을 한 바퀴 돌고 나를 빤히 쳐다본다. 뭔가 직감적으로 싸늘한 느낌이 온다. 매번 카운트에 손님이 있을 때, 내가 계산하느라 정신 줄을 놓고 있을 때 이 고객은 나를 빤히 쳐다본다. 그러면서 손은 나쁜 손으로 변한다. 서류가방에 치즈를 주섬주섬 담고 태연하게 계산대에 와서는 우유만 계산하고 간다. 뒤늦게 나쁜 손이 하는 짓을 발견했을 때 왜 내 심장이 나대는지 쿵쾅거린다. "고객님, 이건 아니지 않습니까?" 차분하게 말하려고 했지만 목소리가 떨린다. 매번 올 때마다 나의 동태를 살피고 그때마다 슬쩍했다고 생각하니 부아가 올라왔다. 이런 고객은 우리 매장에서 들키면 다른 매장에 가서도 할 사람이다. 표적만 달라질 뿐 습관은 여전히 나오게 마련이다. 참으로 양복이 아까운 사람이다. 이런 고객을 만나면 호흡이 거칠어지고 어깨가 다시 딱딱해져 온다.

근무를 마치고 차 한 잔 하면서 비가 그치기만을 기다리다가 텃밭으로 향했다. 마당이 텃밭이라 수시로 드나들 수 있어서 좋다. 돌멩이 틈 사이로 비집고 올라온 잡초들의 생명력은 가히 혀를 내두를 만하다. 어쩜 이런 곳에도 뿌리를 내리고 사는가 싶을 정도다. 조금의 틈만 있으면 잡초는 그곳이 어디라도 상관하지 않고 터를 잡는다. 땅이 촉촉이 젖어 있어 풀 뽑기가 한결 수월하다. 한 손에 잡고 쏙쏙 뽑으면 큰 힘을 들이지 않고도 가능하다. 잡초 뿌리에 붙은 흙을 탈탈 털고 한 쪽으로 모은다. 맨발로 흙을 밟고 호미를 들고 잡초들과 인사한다. 오른손으로 호미질을 하고 왼손은 풀을 한 움큼 쥐고 뽑는다. 호미가 지나간 자리와 지나가지 않은 자리가 확연히 차이가 난다. 잡초가 없어도 굳어 있는 흙을 호미질로 뒤집는다. 흙을 부드럽게 하는 것인데 흙이 제대로 숨을 쉴 수 있게 해주는 역할도 한다. 자연적으로 채소들도 뿌리가 충분히 뻗어가고 양분을 충분히 흡수하여 건강하게 잘 자란다. 호미질의 수고로 흙도 채소도 좋아하는 환경이 만들어진다.

흙을 호미질로 파서 숨을 쉴 수 있게 하듯이 나에게도 제대로 숨을 쉴 수 있게 해야겠다. 진상 고객으로 마음이 다친 날도 나는 텃밭에서 크게 깊게 호흡을 고른 후 매트를 편다. 나에게 "나마스떼" (있는 그대로 존중합니다)

호흡을 가다듬고 몇 가지 동작만으로 진상고객은 까맣게 잊게 된다. 오로지 내 몸에 집중하고 통증이 오면 통증을 어루만짐과 동시에 그간의 마음고생, 감정노동으로 힘들었던 마음을 바라본다. 시나브로 딱딱해진 어깨는 가벼워지고 호흡도 깊어진다. 요가는 내 마음을 토닥여주고 보듬어준다. 나는 그렇게 진상고객으로부터 마음을 다친 날, 요가를 통해 위로를 받았더랬다. 이것이 비명 요가가 주는 쓸모이자 축복이다.

어깨에 통증이 오거나 뻐근하고 무거운 돌덩이처럼 딱딱하다면 다음 동작을 추천한다. 어깨가 비대칭이거나 승모근육이 많이 뭉친 사람이 하면 좋은 자세다. 집에서 편안하게 매트를 펴고 따라해보면 좋겠다. 이 동작으로 어깨 통증이 조금이나마 풀어지기를 바란다. 천장을 보고 누워서 폼 롤러를 이용해서 어깨부터 등을 전체적으로 골고루 마사지 하듯 몸에 자극을 준다. 이 동작은 의외로 등 근육을 풀어주기에 충분하다. 폼 롤러가 없다면 편백나무 베개를 이용해도 무방하고 딱딱한 베개가 부담된다면 쿠션을 이용해도 괜찮다. 이 방법은 기구를 사용해서 등의 근육을 이완해주는데 아침에 일어나서 5분, 저녁에 5분만 해도 효과가 있다. 간단하게 목 스트레칭도 좋다. 목과 어깨에 힘을 빼고 머리를 오른쪽으로 늘려주고, 왼쪽으로 늘려 준다. 머리를 뒤로 밀어 얼굴은 하늘을 향한 상태에서 두 손의 엄지를 턱에 대고 밀어주면 목주름도 예방된다. 목 돌리기를 오른 방향으로 10번, 왼쪽 방향으로 10번씩 천천히 돌려본다. 이번에는 어깨의 경직을 풀어보자. 양 어깨에 손을 얹고 팔꿈치로 크게 원을 그려주는 것도 도움이 된다. 가슴 앞에서 팔꿈치가 만날 수 있을 만큼 크게 원을 그린다. 뒤쪽으로 10번, 앞쪽으로 10번씩 원을 그린다. 요즘은 컴퓨터 작업이나 핸드폰으로 일자목이나 거북목이 많은데 이 동작은 간단하지만 크게 도움이 된다. 잠깐만 내 몸을 위해 스트레칭을 해보면 한결 머리가 맑아지는 걸 느낄 수 있다. 이렇게 준비운동이 끝나면 어깨에 좋은 요가 자세를 하면 된다.

〈요가후기〉

어깨가 뭉치고 뻐근하다면 집에서 편안하게 매트를 펴고 수고한 나에게 선물을 주세요. 소화 기능에도 탁월한 이 자세는 활모양과 비슷해 활 자세라고 불려요. 어깨와 가슴을 펴주고 복부 기관에 자극을 주어 소화가 잘됩니다. 비뚤어진 척추교정에도 탁월한 효과가 있어요. 가끔 숨을 참는 사람이 있는데 제발 숨은 참지 말고 깊은 호흡으로 자연스럽게 들이마시고 내쉬면 돼요. 오늘은 해내고 싶었지만 잘 되지 않는부분도 인정해야 해요. 일단 인정하고 정직한 내 몸을 존중하는 자체만으로 당신은 승리한 거예요. 잘되지 않는다고 실망하지 말고 있는 그대로 받아들임으로써 알아차리기만 해도 충분해요. 어느 지점에서 좀처럼 되지 않는지 알아차리는 것, 거기서부터 변화가 시작되거든요.

요가 TIP

머리를 드는 것보다 가슴을 열면 팔다리가 훨씬 많이 올라간다. 덩달아 엉덩이 근육도 강해진다. 활시위처럼 팽팽하게 당겨진 몸이 되었나요. 변비가 있거나 소화가 잘 되지 않는다면 활 자세로 효과를 볼 수 있어요. 〈사진참조〉

1. 배를 바닥에 대고 얼굴을 아래로 향하여 엎드린다.
2. 무릎을 구부리며 팔을 뒤로 뻗어 발목을 잡는다.
3. 무릎을 들어 올리며 발목을 잡아당기고 동시에 가슴을 들어 올린다.
4. 양팔과 양손은 활시위처럼 작용하여 활처럼 된 몸을 팽팽하게 잡아당긴다.
5. 머리를 들고 시선은 하늘을 향한다. (골반 부위가 바닥에 닿지 않도록 하고 30초 유지)
6. 얼굴을 옆으로 돌려 1번 자세로 돌아와 깊은 호흡으로 숨을 고른다.

사진 5. 활 자세

인정사정없는 원장님

참으로 이상하고 귀한 사람을 만났다. 호감을 생기게 하는 그 어떤 조건을 갖추지 않았다. 외모가 마음에 드는 사람도 아니었고 나와 닮았다고 생각되는 부분도 없고 말을 예의 바르게 하는 사람도 아니었다. 그저 요가 빼고는 내세울 만한 것이 없는 사람이었다. 그런 사람이 어떻게 고단한 내 삶에 등불이 되고 회초리가 되고 마중물이 되었는지 모를 일이다. 내 인생을 송두리째 바꿔 놓을 줄은 미처 몰랐다.

요가원에 가면 하얀 생활한복을 입고 미소를 잔잔히 머금고 있는 사람이 있다. 키는 180cm쯤 되고 몸도 마르지 않고 통통한 편이다. 보통 요가 하는 사람은 작고 마른 체형을 떠올리기 마련인데 원장님은 반대되는 사람이다. 도대체 저 덩치로 요가가 되는지 의심이 들 정도다. 다실에서 차를 따르는 모습은 엄숙함이 물씬 묻어나기도 하고, 경건하게 차를 대하는 모습은 도를 닦는 스님 같기도 하다. 옅은 미소를 살짝 지어 보이기도 하지만 그 미소는 누구를 위한 웃음이 아닌, 본디 밑바탕에 스며들어 자연스레 올라오는 밝음이라고 해야겠다. 눈빛은 맑고 빛나는 선한 눈으로 나의 표정, 혈색, 몸을 꼼꼼히 살피고 있었다.

"어떻게 오셨어요?"

"어깨가 아파서 매일 눈물이 나고 죽을 지경입니다."

"그렇군요. 잘 오셨어요."

"아픈 어깨는 나아질까요?" 고민을 털어 놓았다. 원장은 나의 입술에서 나오는 말을 듣는 내내 눈으로 나를 보는 것을 너머 의사가 청진기로 내 몸을 진찰하듯 꼼꼼하게 쳐다봤다.

"눈 딱 감고 3개월만 해봐요. 우울증도 어깨 통증도 말끔히 없어져요. 같이 해봅시다."

통증으로 가득한 내 몸이 마치 자기 몸인 것처럼 같이 해보자는 말이 마음에 콕 박혔고 나를 움직였다.

그렇게 요가원장님과 첫 대면이 이루어졌다. 무엇에 끌렸는지 덜렁 3개월 초급과정 수강료를 지불했다. 중요한 건 매트를 깔고 누워서 하는 몇 가지 동작으로 바로 후회했다. 아파서 바들 바들 떨고 눈물이 줄줄 흐르는데도 원장은 내 발을 잡고 "조금만 견디세요." 인정사정없다.

"다음 동작으로 갑니다. 자 준비하시고 내려갑니다."

눈에 힘을 주고 두 손을 엑스표로 하고 나는 원장의 모든 동작을 멈춰 세웠다.

"너무 아파요. 살려주세요. 이 고통은 너무 끔찍해요. 당해보지 않으면 절대 모른다구요. 요가가 아니고 고문이에요. 이건 죽어도 못하겠어요. 아까보다 어깨가 더 아파요. 어쩔 거예요."

나는 폭포수처럼 쏟아져 나오는 눈물을 닦으며 따지듯이 말했다. 원장 입장에서는 내가 얼마나 황당하고 밥맛없었을까. 그럼에도 화를 내기는커녕 미소를 머금고 "내일은 더 아프고 한 달은 고통으로 온몸을 지배할 겁니다." 원장은 말했다. 이럴 땐 괜찮아진다고 거짓말이라도 해야지 더 아프다고 말하는 저 원장이란 사람. 사람이 아니고 요괴로 보인다. 특히 요가를 할 때 다리를 접고 연체동물처럼 자유롭게 하는 모습을 보면 요기(요가 수련 전문가)가 아니라 요괴로 보인다. 머리서기도 한 점 떨림도 없이 평화로운 나무 한 그루 보는 듯하다. 상체와 하체가 반으로 접히고 다리로 지탱하는 동작들은 강하게, 힘을 빼고 몸을 자유자재로 비틀고 늘리는 것을 보면 몸이 저토록 아름다울 수 있는지 입이 다물어지지 않는다. 어려운 자세도 힘들지 않게 하고, 호흡도 자세도 깊고 우아하게 했다. 나는 원장님이 힘들이지 않고 하는 모습에 감탄했다. 나도 깊고 우아한 자세를 하고 싶은데 막상 해보면 엄청난 고통과 저질 몸뚱어리의 현실을 느낄 뿐이다. 얼마나 많은 정성과 노력을 기울여야 가능할까. 얼마나 많은 시간을 매트 위에서 보내야 저런 자세가 나올까.

눈물과 땀으로 범벅이 된 얼굴로 심각하게 말했다.
"어깨가 너무 아파서 더 이상 못하겠어요."
"3개월 동안 해보고 그때도 나아지지 않으면 3개월분 회비를 반납할게요."
도대체 어디서 저런 자신감이 나오는지, 남자란 다 허풍이지.
"믿고 같이 해봐요."
또 설득 당했다.

원장님은 나에게 인정사정없는 요괴였다가 이제는 요가스승으로 자리 잡았다. 원장은 요가에 미쳐서 요가의 근원지인 인도에 직접 가서 요가 공부를 했다. 사람마다 요가를 하는 목적이 달랐고 그 사람에게 필요한 맞춤 요가를 지도했다. 하타 요가를 중심으로 아쉬탕가로 빠른 시퀀스로 파워풀한 순서와 방법으로, 때로는 끈이나 쿠션, 의자를 이용한 아헹가 요가를 지도했다. 나는 첫 한 달은 치유 목적이 컸기 때문에 아헹가 요가에 속한 리스토러티브 요가로 재활과 신체 회복에 주력했다. 어떤 달은 연속적으로 동작이 끊이지 않게 연결하는 빈야사 요가로 정신을 못 차리고 혼을 뺐다. 요가지도를 할 때 원장님은 인정사정없다가 차를 마시면서 마음을 나눌 땐 어머니처럼 편하게 다 받아주었다.

어쨌든 요가를 하고부터 삶이 달라졌다. 화도 사라지고 찡그림도 없어졌다. 매일 눈물이 나고 사는 재미가 없었는데 이제는 매일이 기쁘고 축복임을 경험한다. 무엇보다 얼굴에 미소가 번졌고 나에게 기쁨이 찾아왔다는 것이 제일 큰 변화다. 이 모든 축복을 경험할 수 있었던 것은 인정사정없는 원장님의 진정어린 요가사랑에서 시작할 수 있었다. 원장님은 요가를 널리 알리고 건강하고 행복한 삶을 추구하는 것에 가치를 둔 훌륭한 스승이다. 돈이 되지 않아도 수고를 아끼지 않는 사람, 제자들에게 정성껏 차를 대접하는 진정한 어른이고 존경과 감사로 다 표현이 되지 않는 품이 넓은 사람이다.

저질 몸뚱어리

솔직히 나는 남들보다 더디고 두 배로 시간을 들여야 겨우 한 자세가 된다. 이론은 간단한데 막상 해보면 내 몸은 말처럼 되지 않는다. 특히 요가는 철저하게 자신의 몸으로 체득해야 한다. 잘 되는 자세보다 좀처럼 되지 않는 자세에서 넘어지고 비틀거리면서 고민한다. 이렇게도 해봤다가 저렇게도 해봤다가 연구까지는 아니더라도 열중하게 된다. 요가 자세 중에 왕이라고 하는 자세를 성공하고 싶었다. 매트에서 손깍지를 끼고 머리를 바닥에 닿은 채로 무릎과 두 발을 쭉 펴서 공중으로 들어 올린다. 젊어지게 하고 새로운 생명력으로 충전되는 자세. 일명 물구나

무서기로 많이 알고 있는 자세다. 스트레스 해소와 피로회복에도 그만인 이 동작을 해보려고 몇 번째 시도해 본다. 이론은 간단한데 왜 이리 안 되는 걸까? 내 몸에 무슨 문제가 있는 걸까?

다시 자세를 잡고 마음을 단단히 먹고 발을 공중으로 올려본다. 두 발을 위로 올리자마자 뒤로 발라당 넘어졌다. 아이고, 깜짝이야. 몸이 부서지는 줄 알았다. 몸이 아픈 것보다 발라당 넘어져 사지를 뻗고 있는 내가 부끄러워 얼굴이 빨갛게 달아올랐다.

"내 몸은 안 되는 몸인가 봐요."

"안 되는 몸은 없습니다. 저는 당신보다 더 많이 실패했어요."

이 말은 나도 하면 된다는 말, 가능성이 있다는 말, 나보다 더 많이 실패했다는 말이 위로가 된다. 다시 그 말에 용기내서 해본다. 이번에는 다리에 힘을 더 보태서 힘껏 올리다가 원장님의 사타구니를 차고 말았다. 거꾸로 머리를 매트에 박고 있어서 빨개진 얼굴은 더 많이 빨개졌다. 내가 다리를 들어 올리면 잡아주려고 옆에 있다가 느닷없이 이런 봉변을 당한 원장님은 "사람 잡겠습니다." 한다. 원장님 얼굴 보기도 민망하고 여기서는 안 되는구나, 핑계를 댄다. 매트를 들고 원장님과 멀리 떨어진 벽 쪽으로 간다. 힘차게 다리를 차 올려서 두 발을 올려 벽에 고정해본다. 거꾸로 서졌다. 그것도 잠시 어깨도 아프고 머리도 아프고 체중을 지탱하는 팔은 후들후들 떨렸다. 내일부턴 조금만 먹어야지.

식성 좋은 내가 지금껏 입맛이 없어본 적이 없었는데 양푼에 밥을 비벼먹는 것은 이제 하지 말아야지 생각한다. 1분을 못 버티고 두 발을 내렸다. 이런 동작을 옆 동료들은 아무렇지 않게 벽에 기대지 않고 한복판에서 한다. 아름답고 부럽다. 두 달을 벽에 기대서 머리서기를 했다. 벽이 있어서 믿고 발을 올릴 수 있는 안전함이 좋았다. 넘어질 염려가 없어서 마음 놓고 할 수 있어서 매번 벽 앞에 서게 된다. 옆에서 보다가 답답한 나머지 원장님이 다가와 한마디 한다.

"벽을 의지하면 발전이 없어요. 나와서 해봐요."
"계속 중심을 못 잡고 넘어져요."
"벽에 의지하면 홀로서지 못해요. 안전지대에서 벗어날수록 더 안정적인 자세가 나옵니다."
(넘어질수록 아프고 쪽팔리고 당신의 사타구니를 찰 수도 있다구요)

3개월이 지난 즈음으로 기억난다. 어느 날 벽에 기대지 않고 머리서기가 되었다. 하면 되는구나, 성취감에 눈물이 날 뻔했다. 이게 뭐시라고 기분이 좋다. 날아갈 것 같다. 좋은 일은 널리 알려야 한다. 일명 머리서기성공 쑥떡을 요가원에 돌렸다. 나보다 먼저 머리서기에 성공한 동료 5명이 하나같이 축하해 주었다.

홀로 머리서기가 성공해야만 초급과정을 인정해주는 원장님만의 고집에 겨우 부응했다.

요가를 하는 시간만큼은 내 몸에 집중한다. 좀처럼 안 되는 몸에서 되는 몸으로 되었을 때 나는 열정을 읽는다. 매일 꾸준히 지속적으로 했기 때문에 저질 몸뚱어리에서 유연하고 건강한 몸으로 변했다. 열정은 누가 시켜서 되는 것도 아니고 화려한 말이나 그럴듯한 공표에서 나오는 것도 아니다. 열정은 말과 행동이 일치할 때 내면 깊은 곳에서 나오는 힘이다. 매트 위에 세 종류의 사람이 있다. 벽에 기대어 물구나무서기를 하는 사람, 넘어져서 "에라 모르겠다." 포기하는 사람, 벽에 기대지 않고 두 번 세 번 넘어져도 다시 일어서는 사람. 열정은 두 번 세 번 넘어져도 다시 일어서는 사람이다. 그저 묵묵히 하는 사람이다. 열정이 있는 사람은 내면에 중심이 있다. 그 어떤 실패에도 다시 일어서는 사람이다. 나는 남들보다 느리고 두 배로 노력해야 하는 저질 몸뚱어리지만 될 때까지 포기하지 않고 몸을 세웠다.

〈요가후기〉

요가 자세 중에 왕이라고 하는 이것, 머리로 온 몸을 지탱하는 머리서기 자세를 같이 해볼까요. 몇 번이나 넘어졌는지 그건 중요하지 않아요. 넘어지는 건 당연해요. 저도 셀 수 없이 많이 넘어졌어요. 그러니 망설이거나 두려워하지 말고 그냥 몸을 일으키세요. 담쟁이가 벽을 한 뼘씩 오르듯이.

요가에서는 넘어짐이 곧 스승이에요. 많이 넘어질수록 몸을 세우는 방법을 알아내지요. 저는 다른 자세는 2~3분 정도 하는데 이 자세만큼은 10분 동안 해요. 왜냐하면 몸 전체가 거꾸로 중력을 받아 노화를 지연시키는데 도움이 되기 때문이죠. 노화는 지극히 당연한 것이지만 이왕이면 젊고 고운 모습으로 나이 들고 싶거든요. 거꾸로 자세가 나이를 거꾸로 돌린다고 생각하면 10분은 해 볼만하지 않나요. 자세를 완성시키는 것보다 하는 과정에서 변화를 볼 줄 아는 눈을 키우는 것이 중요해요. 벽에 기대지 않고 혼자 머리서기가 될 때까지 포기하지 않고 해보기로 해요. 응원합니다.

요가 TIP

초보자는 벽에 기대어 시도해 본다. 익숙해지면 기대지 않고 홀로서기를 시도해 본다. 〈사진참조〉

1. 매트 위에 무릎을 꿇고 앉는다.
2. 손가락을 모두 깍지 끼고 매트 위에 팔뚝을 놓는다. (어깨너비만큼)

3. 엉덩이를 들고 머리 정수리 부분을 바닥에 댄다.

4. 뒷머리는 손깍지 낀 손바닥으로 감싼다.

5. 손가락 깍지는 단단히 껴야 한다. 느슨해지면 체중이 쏠려서 균형 잡

   기 힘들다.

6. 발가락 끝으로만 다리를 지탱한 채 조금씩 머리 쪽으로 걸어와 숨을

   내쉬면서 한 발을 위로 올린다.

7. 두 다리를 쭉 펴고 몸이 마루와 수직인 상태로 물구나무를 선다. (2분

   유지하다 1분씩 늘려본다)

8. 내려올 땐 등을 구부리면서 천천히 발가락이 바닥에 내려오게 한다.

   (부상방지)

사진 6. 머리서기 자세

05

왜 요가를 하는가

　요가를 한다고 해서 무슨 도를 닦는 줄 아는 사람도 드물
게 있다. 인도에서 승려들의 수련방법으로 요가가 전파되었기
때문이기도 하지만 매트에 앉아서 부처처럼 명상하는 모습에
서 기인한 것이리라. 요가를 처음 접하는 사람에게 스승은 매
우 중요하다. 인도에서 직접 전통 요가를 그대로 배워온 스승에
게 요가를 배운 나는 운이 좋았고 더없이 크나큰 축복을 받았
다. 매번 요가 수업이 끝나면 스승님은 6명의 제자에게 차를 정
성껏 대접했다. 우리는 모두 공손하게 차를 음미하면서 몸속으
로 스며드는 차를 감사하게 마셨다. 수련을 끝내고 마시는 차는

입에 착착 감기는 맛이다. 세 번을 우려 마시다가 모자라면 "한 번 더"를 외치며 모두 깔깔댄다. 이 시점에서 원장님은 왜 요가를 하는가 물었다.

영임: 아프지 않고 건강하게 살기 위해섭니다.
동료1: 좋은 몸매를 갖고 싶어서요.
동료2: 살을 빼려고요. (옆구리 살을 잡는다)
동료3: 건강한 몸을 만들기 위해서죠.
동료4: 남자는 뭐니 뭐니 해도 체력이죠.
동료5: 건강이 최고지요.

6명의 제자들은 각자의 생각을 말했다. 원장은 우리가 조금 더 넓게, 크게 눈을 떴으면 좋겠다고 한다.
"다이어트는 개나 줘버리세요."
스승님의 돌직구에 배를 잡고 킥킥거리며 웃었다.
"좋은 몸, 건강한 몸 너머를 봤으면 좋겠어요. 여기 계신 모두가 그만한 능력이 있어요."
이럴 땐 정말 요가보다는 산에서 도를 닦고 오셨는가 하는 생각이 든다. 산 너머 남촌에는 누가 사는지 궁금했어도 건강한 몸 너머를 나는 한 번도 생각해 본 적이 없다. 이제 겨우 어깨 통증이 사라졌고 얼굴에 미소가 많아졌고 남편에게 자녀에게 정성을 다해 음식을 만들고 웃는 얼굴로 대하게 되었다. 그런 마당에 그 너머를 생각할 여유가 없었다. 잠깐의 시간이 흐른 뒤 위암을 극복한 동료 한 분은 "지금 아픈 이들이 있다면, 내가 지나온 고통 받은 시간을 알기에 아픈 이들에게 도움을 주는 사람이 되겠다."고 했다. 그 옆에 동료는 아들 둘에게 요가를 전도하겠다고 말했다. 원장님은 나처럼 초보자든 경력이 오래된 사람이든 가리지 않고 요가를 하는 이유를 묻곤 했다. 삶의 의미를 찾으라는 말보다 이렇게 구체적으로 물음표를 던져주니 아무 생각 없던 나도 생각하게 된다. 나도 근사한 답을 하고 싶은데 막상 머릿속은 아무 생각이 없다. 뭔지 모르지만 요가를 계속해야 할 것 같은 생각은 든다. 내가 요가를 하게 된 이유는 어깨 통증과 우울증 때문이었다. 이제는 그 두 가지 증상이 감쪽같이 사라졌으니 이미 요가를 하는 목적을 이룬 셈이다. 지금 원장은 그 너머를 보란다.

가만히 생각해 본다. 요가를 시작하고 변화가 찾아왔다. 하찮은 내가 아끼고 보살펴야 하는 소중한 나로 바뀌었다. 아프고 무거운 몸이 건강하고 가벼운 몸으로 변했다. 매일 눈물이 나던 일상이 기쁨과 감사로 바뀌었다. 요가 자세로 거북목을,

틀어진 골반을 교정하는 과정에 체중이 8kg 빠졌다. 그런 과정이 매번 어깨 통증으로 힘들었지만 견딜 수 있었던 것은 요가를 하는 목적이 몸을 교정하고 건강하게 만들기 위함이었기에 가능했다. 자세를 우아하게 잘하는 것이 목적이 아니었다. 동작을 빨리 배워서 요가 지도자가 되려고 했던 것도 아니었다. 조금씩 몸을 교정해서 어깨 통증을 없애는 것이 매트 위에 선이유였다. 그래서 온갖 유혹을 뿌리칠 수 있었고 고통을 견딜수 있었고 몸을 다시 세울 수 있었다. 그동안 일만 하느라 혹사한 몸을 이제는 정성껏 대하게 되었다. 나를 돌아보고 반성하는 시간이 되었다. 마음에서 일어나는 기쁨과 감사, 밝음을 이제야 발견했다. 어떻게 증명할 수 있을까? 사진을 보면 요가를 시작하기 전과 후의 표정이 많이 다르다. 요가를 하고 난 후의 사진은 평온하고 환한 웃음이 나왔다.

요가는 나를 더 단단하게 했고 앞으로 나아가게 했고 주변 사람들을 자세히 보는 눈을 갖게 했다. 내가 변했더니 남편도 변했다. 이제는 명령하지 않고 "이것 좀 해줘." 부탁한다. 내가 강의를 가거나 요가 봉사를 가면 기꺼이 내 근무시간을 대체해 준다. 남편이 예전에는 스티브잡스처럼 날카롭고 말랐다면 이제는 몸무게도 5kg이 늘었고 중후한 차인표로 보인다. 내 눈에는.

남편과 가게에서 같이 일을 하는 관계로 나의 글에는 어쩔 수 없이 남편 얘기가 자주 나온다. 예전 같으면 목에 핏대를 세우며 남편과 다툴 일도 지금은 그다지 열 낼 일이 아니라고 넘어간다. 나의 말과 행동에서 여유와 친절이 나왔기 때문에 남편도 부드러워졌을 것이다. 모든 일은 나로부터 시작된다는 것을 실감한다. 이렇듯 요가는 우리 부부 사이에 윤활유 역할도 해 주었다. 매트 위에 있으면 적어도 제자리걸음은 하지 않은 것 같은 느낌, 들이마시고 내쉬는 숨에 내가 살아있다는 기쁨, 작은 기쁨을 발견하는 기쁨, 지금 이 순간을 즐기는 방법을 알게 된다. 이처럼 매트 위에서는 적어도 나만 게으름 피우지 않는다면 노력한 것 이상의 보상이 따라온다. 자잘한 기쁨들이 모여 나에게 여러 형태로 도움을 주니까 말이다.

매번 요가를 마치고 매트를 또르르 말아서 제자리에 갖다 놓을 때 내 안에서 기쁨이 샘솟는다. 충만함을 모두 끌어 모으는 경험을 한다. 요가로 이렇게 행복하고 평안할 수 있음을 많은 사람들이 경험했으면 좋겠다. 마음속 깊은 곳에서 요가는 평생 함께 가야 할 동반자이고 나를 치유했으니 누군가에게 나도 이것을 전달해야 하지 않을까 생각이 싹튼 시간이 되었다. 생각해 보면 나를 살린 것도 요가였고 사업장에 매출이 늘어난 것도 요가 덕분이었다. 남편과 대립관계에서 존중의 관계로 이끌어 준 것도 요가였다. 쉼표 시간에 나를 충전하고 성찰한 덕분에 삶의 질을 올려준 것도 요가였다. 매트 위에서 내가 변했더니 똑같은 사람이고 똑같은 환경인데 바라보는 시각이 달라졌다. 나뿐만 아니라 모든 생명체가 고맙고 귀한 존재로 다가왔다. 요가를 시작하기 전에는 나만의 세계에 갇혀 있었다. 나만 옳고 나만 잘난 줄 착각하고 살았다. 얼마나 어리석고 오만하기 짝이 없었는지 얼굴과 귀까지 빨개진다. 요가를 한다고 해서 더 똑똑해졌다는 말이 아니다. 예전과 다른 눈으로 바라보게 되었다는 사실이다. 어제보다는 조금 더 여유를 찾고 조금 더 어깨에 힘을 빼고 더 큰 만족을 느낄 줄 아는 사람이 되어 가고 있다.

몸이 말을 안 듣는다

아버지가 뇌경색으로 보행이 힘들어졌다

자동으로 기본적인 화장실 가는 것도

다른 사람의 도움이 있어야 한다

다른 사람이라야 함께 사는 큰딸이 도맡아 한다

사위는 옆에 있어도 용변처리는 엄두도 내지 못한다

이런 일 따위는 당연히 여자들의 몫인가

아버지는 혼자 화장실에 가려다가 넘어지고 말았다

당신 몸이 마음대로 되질 않는 것을 알면서도

몇 번이나 걸음을 떼려고 시도하다가

서랍장 모서리에 부딪쳐 얼굴에 열다섯 바늘을 꿰맸다

한쪽 눈은 부어서 감겨있는 상태

남은 한쪽 눈으로 나를 올려본다

그나마 팔 다리가 부러지지 않음을 다행이라 생각해도

껍데기만 남아 병실에 있는 당신은 한없이 가여운 사람

예전에 씨름선수였던 사람 어디가고

어린 아이처럼 기저귀를 차고 나를 올려본다

올려 본다는 것은 바닥이라는 말

더 이상 내려갈 곳도, 올라갈 일도 만무하다는 것

도마뱀은 바닥일 때 자기 꼬리를 자른다던데

아버지한테도 도마뱀의 신체복구 능력이 있다면

당신은 진즉에 다리를 잘랐을 것이다

– 졸시 〈바닥〉 전문

　오래전 내 몸이 말을 안 듣던 때가 있었다. 무릎에 염증이
심해서 관절내시경 시술을 하고 한 달 동안 병원에 입원한 적
이 있었다. 처음 일주일은 밀린 잠을 실컷 자고 그 많은 업무를
하지 않아서 좋았다. 책도 마음껏 읽을 수 있어서 좋았다. 그

좋음도 잠시였다. 다리에 깁스를 하고 꼼짝 못하고 병실에서 창밖을 내려다보는 것이 세상 구경이었다. 일상이 그리웠다. 창밖으로 보이는 모든 사람들이 부러웠다. 어디를 바쁘게 가든 상관없이 걸을 수 있는 모든 사람들이 부러웠다. 그때 내게 소망이 있다면, 다시 햇볕을 쬐며 두 발로 걷는 것이었다. 시장바구니를 들고 재래시장을 걸어보는 것, 아이들과 인라인스케이트를 타는 것, 대수롭지 않은 일로 남편과 말다툼하던 것도, 술잔을 기울이며 신세한탄 한 것도 모두 다 소중하게 다가왔다. 식구들이 식탁에 둘러앉아 수박 먹고 수박씨 얼굴에 붙이기, 친구들과 수다 떨며 깔깔대기, 대학교 운동장에서 맨손 체조 후 열 바퀴 돌기, 모자 눌러쓰고 산책하기, 매트 위에서 요가하기 등등 하고 싶은 것들이 많았는데 그럴 수 없었다. 일상을 잃어본 사람은 안다. 대수롭지 않은 일상이 행복이라는 걸, 오직 일상으로 돌아가고 싶을 뿐이라는 걸.

아부지, 지금 병원 갈 건데 뭐가 드시고 싶으세요

그런 거 없다

몇 번의 설득 끝에 못이기는 척

커피가 먹고 싶다

커피라니, 방금 내가 들은 것이 커피가 맞는 지 두 귀를 의심했다

왜 여태껏 아버지가 커피를 좋아하신 걸 몰랐을까

내게도 꿈이 있듯이 아버지도 꿈이 있었을 것이고

내가 이선희 노래를 좋아하듯

아버지도 좋아하는 노래가 있을 것이고

내가 커피를 좋아하듯 아버지도 커피를 좋아하셨구나

지인들과 근사한 커피숍에 뻔질나게 다니면서

왜 아버지를 모시고 한 번도 그 흔한 커피숍엘

같이 갈 생각을 하지 않았을까

매달 용돈을 부쳐 드리는 걸로

도리를 다 했다고 생각한 못난 딸이다

내 앞가림 하느라, 먹고 사느라 바빴다는 것은 핑계일 뿐

불편하고 노쇠한 착한 몸에게,

건강하지만 그것을 방치한 나쁜 몸은 할 말이 없다

왜 아버지가 아프고 병들고 불편한 몸이 되어서야

이런 시간을 냈을까

이제야 커피를 올리는 나쁜 몸은 이게 커피일리 없다

어디선가 나를 꾸짖는 소리, 사약을 받으라는 소리 들린다

단숨에 들이켜야 했으나 목울대가 울렁거려 넘어가지 않고

무단히 핸드크림을 바르는 척 주름진 앙상한 손을 잡고

손이 크고 잘생겼네, 손바닥의 굳은살을 만지며

엄지손톱이 왜 이리 짧으냐고

아버지 앞에서는 괜찮은 척 재롱부리다가

집으로 돌아오는 길에 차를 몇 번이나 세우고 오래도록 울었다

— 졸시 〈커피〉 전문

아버지가 요양병원에 입원한 지 벌써 일 년이 넘었다. 코로나 19로 면회도 금지되었다. 오직 전화로 안부를 묻고 병원비를 계산하고 필요한 팬티와 양말을 챙겨드리고 가끔씩 커피와 과자를 챙겨드리는 것이 전부다.

"아부지, 뭐가 드시고 싶으세요? 내일 병원비 계산하러 가는데 챙겨갈게요."
"담배."

과자(담배)를 챙겨 드리는 게 아버지를 위한 걸까? 건강에 해롭다고 안 챙기는 게 아버지를 위한 걸까? 그곳에 갇혀 있는 생활이 여러 말로 설명하지 않아도 가늠이 되는 말이었다. 두말 않고 나는 담배 한 보루를 챙겼다. 당신 몸이 마음

대로 되지 않을 때 담배라도 피우지 않으면 그것 또한 형벌이지 않을까 싶어서다. 아버지는 지금 몸이 말을 안 듣는 시간을 힘겹게 견뎌내고 있는 중이다. 부디 평안하시라.

07

올라와야 한다면 올라와

어처구니가 없다. 속이 부글거리고 마음이 불편하다. 누구를 붙잡고 하소연하고 싶지만 그러지 못한다. 친구든 이웃이든 상관 없이 주저리주저리 넋두리하고 싶지만 결국은 혼자 산책을 선택 한다. 돈벌이만 집착하는, 나이 오십이 넘어도 자기 이익만 생각 하는 사람이 이해되지 않는다. 기브앤테이크 정신에 지나치게 집 착해서 모든 관계를 이해타산적으로 생각하면 정신건강에도 좋 지 않을 것이다. 그렇다고 하더라도 상대에게 받은 것보다 내가 준 기억이 거의 대다수라면 솔직히 많이 서운하다. 모든 인간관 계가 내 마음 같지 않다는 생각에 속에서는 어느새 천불이 난다.

미움이라는 감정이 계속 올라온다. 이런 날은 평탄한 산책로보다 조금 더 구불구불하고 조금 더 경사진 치열한 길을 선택한다. 몸을 많이 괴롭혀서 마음을 잔잔하게 하고 싶기 때문이다. 요가 자세를 힘들게 하면 할수록 명상이 더 잘 되는 이치와 같다. 이런 날은 매트 위에서 아무리 땀을 빼도 마음이 편하지 않다. 매트를 박차고 나와야 직성이 풀린다. 불편한 마음에서 빨리 벗어나고 싶기 때문이다. 크게 깊게 숨을 들이마시고 내쉬고 한 발짝씩 산을 오른다.

친구가 말했다. "내 책 나왔어. 많이 도와줘."
띠. 로. 리.
내 책이 나왔을 땐 축하자리에도 딴 핑계를 대고 오지 않았으면서 도대체 저런 뻔뻔함은 어디서 나오는 걸까. 씁쓸한 웃음만 나온다. 오늘이라는 소중한 시간을 미움이라는 불편한 감정으로 보내기 싫었다. 좋은 에너지로 나를 충전하고 싶어서 산책을 선택했다. 소중한 시간을 그런 사람으로부터 에너지 소모하는 것도 아깝다. 마음을 비우고 내려놓으려 해도 계속 그 사람이 밉다. 내 몸에 찾아온 미움을 일단 바라본다. 숲 그늘에 앉아 호흡을 가다듬고 조용히 나를 내려다본다. 어떤 문제에 마주칠 때 가끔 이 방법을 사용한다. 나를 분리해서 바라볼 필요가 있다. 분리해서 나를 바라보면 남들보고 꼰대라고 말하던 일을 어쩌면 내가 더 꼰대 같은 짓을 하고 있는 모습도 보인다. 나도 친구처럼 저런 경우 없는 짓을 다른 사람에게 한 적이 있구나. 나의 경우 없는 짓으로 다른 사람도 나를 미워했겠구나. 나도 똑같은 짓을 했으면서 누구를 미워한단 말인가. 가끔 누군가 미워질 때, 언젠가 나도 누군가에게 미움받았던 것을 생각해 보면 조금은 너그러운 마음이 생긴다. 저 우주에서 나를 바라보는 연습은 나에 대해 조금 냉정해지고 어떤 선택을 할 때 많은 도움을 준다. 아주 작은 내가 별것도 아닌 일에 마음을 쓰고 있는 모습이 보인다. 어리석다.

다시 깊게 숨을 들이마시고 (미움의 감정이 올라와야 한다면 다 올라와)

내쉬는 숨에 (미움을 맞이하고 인사한다)

나는 그나마 경제적으로 여유가 있는 사람이고 그 친구는 먹고살기 위해 어쩔 수 없었겠지. 나보다 사정이 안 좋거나 그럴만한 사정이 있겠지. 미움의 감정을 이제는 강물 바라보듯 본다. 아직 내가 수양이 덜 되고 부족함이 많아서일 테지. 이제는 미움이 저만치 떨어져 있다. 푸르른 나무가 이제야 눈에 들어온다. 눈부시게 예쁘고 아름답다. 내 마음도 싱그럽게 된다. 나무는 나의 하소연을 다 들었을 것이다. 나를 안아주고 위로해 준다.

"잘 왔다. 언제든 내가 필요하면 아무 때나 오렴. 토닥 토닥."

하산하는 길은 걸음이 가볍다. 충분히 위로받았고 미움이라는 감정도 저만치 물러났다. 그것으로 된 것이다. 나무는 때가 되면 꽃을 피우고 열매를 맺고 버려야 할 때는 과감히 모든 걸 놓아버린다. 저런 주저 없는 놓아버림을 나무에게 배우고 싶다.

우리의 관계에도 주저 없는 놓아버림도 때론 필요하다. 가끔 나를 힘들게 하는 사람을 만났을 때, 아무리 노력해도 간격이 좁혀지지 않을 때 말이다. 가끔 믿었던 친구가 뒤통수를 치는 경우도 있다. 어처구니없는 부당한 대우를 받으면 앞으로 보지 않을 관계라면 안 보면 된다. 그러나 어쩔 수 없이 업무적으로든 아니면 관계 속에서 계속 얼굴을 봐야 하는 경우도 있다. 이럴 때도 계속 잘 지내려고 노력해야 할까. 내가 할 만큼 했는데도 상대방이 내 마음 같지 않다면 유효기간이 끝난 것이다. 식품에도 유통기간이 있듯이 관계에도 유효기간이 있다. 어쩔 수 없이 끝난 것은 끝인 것이다. 유통기간이 지난 제품을 아까워서 먹으면 배탈만 날 뿐이다. 굳이 애쓰고 노력하지 말자. 주저 없는 놓아버림도 때론 필요하다. 그 사람하고는 딱 이만큼의 사회적 거리를 두고 가면 된다. 한 바가지 욕설을 퍼붓고 내가 그 사람을 미워하지 않아도 얼마의 시간이 지나면 알게 된다. 그 사람의 주변에 친구가 없는 것을. 내가 굳이 목에 핏대를 세워 그 사람을 비방하지 않아도 사람들은 안다. 다른 사람의 경조사는 아랑곳하지 않다가 자신의 욕심과 돈벌이만 바라는 사람은 자동으로 거리두기가 된다.

"그땐 미안했어, 내가 좀 이기적이지. 먹고 살려다 보니 그렇게 되었어." 이렇게 말해준다면 좋겠지만 그렇게 하지 않아도 얼마의 시간이 지나자 모든 감정이 잦아들었다. 내 마음을 내 마음대로 통제한다는 건 재미있는 일이다. 나를 분리해서 바라보고, 내 몸에 찾아온 미움이라는 감정을 모두 올라오게 두고 그 다음엔 맞이한다. 미움아 안녕, 나를 찾아 왔구나. 나도 예전에 저런 짓을 누군가에게 했구나. 나도 미움을 받았겠구나. 그렇게 맞이하다 보면 그 감정을 강물 바라보듯 보게 된다. 처음엔 올라오는 화를 감당하지 못하고 직성이 풀리지 않아 내 안에 날뛰는 짐승을 이러지도 저러지도 못했다. 이제는 매트 위에서 몸을 구부리고 비틀고 세우고 눕힌다. 내 안에서 날뛰던 짐승이 얌전하기까지는 아니어도 적어도 씩씩거리는 숨소리는 멎었다. 그것만으로 숨쉬기가 한결 수월하다. 어처구니없는 날에도, 믿었던 사람에게 뒤통수 맞은 날도 나는 요가를 한다.

08

참을 수 없는 쪽팔림

2시간을 매일 요가원에서 보낸다. 동료들의 숨소리만 들어도 기분이나 몸 상태까지 한방에 알 수 있다. 평소에 막힘없이 동작을 척척하던 동료가 몸이 무거울 때가 있는데 그럴 땐 어김없이 생리를 하는 날이다. 반대로 내가 몸이 무거울 때도 동료들은 한방에 알아본다. 이럴 땐 한걸음 물러나 쉬어가는 것도 좋은 방법이다. 평소처럼 모든 자세를 하지 않아도 된다. 차를 마시다가 멍 때리기도 하고 동료들은 어떻게 하는지 살펴보곤 한다. 동료들은 다른 사람이 어떻게 하는지 한눈 팔지 않는다. 한 동작을 수없이 반복 또 반복해서 깊은 자세를 만들고 있었다. 그래서 내가 넘어지고 고꾸라지고 한 발로 균형 잡기를 할 때 다리가 부들부들 떨려도 부끄러워하지 않아도 된다는 걸 알았다. 다른 동료들은 내가 쳐다보든 말든 나에게 관심도 없다. 냉정하게 들리겠지만 사실이다. 동료들이 못돼서 그런 것이 아니다. 다른 시선을 의식하지 않고 자신의 수련에 묵묵히 몸을 세우고 자신의 몸을 알아가고 배워가는 것이 요가다. 수련시간에 수다를 떠는 사람은 한 명도 없다. 오직 자신의 몸에 집중한다. 깡충거리다가 오만 오두방정 끝에 서 있을 수 있어도 전혀 부끄러워하지 않아도 된다는 것이다. 자기만의 수련에 몰입하기 때문에 나는 나만의 자세에 몰입하면 된다.

"남을 의식하지 마세요. 자신의 몸에 집중 하세요."

다른 사람과 비교하지 않고 내 몸에 집중하고 한 점을 응시했더니 흔들리지 않고 한 발로 설 수 있었다. 하면 되는구나. 내 몸에 집중하는 것이 중요하구나. 드디어 조금씩 자신감이 생기고 몸을 비틀고 반으로 접을수록 가벼워지고 시원한 짜릿함이 선물처럼 찾아왔다. 요가는 남을 의식하지 않고 오롯이 내 몸에 집중하고 한 걸음씩 나아간다. 알아차리고 바로잡고 알아차리고 수정하고 그렇게 조금씩 나아가는 재미에 빠지다 보니 체중이 나도 모르게 조금씩 빠지기 시작했다. 쉽게 살이 빠지는 체질이 아니라 이 또한 놀라운 일이 아닐 수 없다.

요가의 마무리는 송장 자세다. 1시간 30분 동안 몸을 쓰다가 드디어 몸을 바닥에 편히 쉬게 하는 이 동작은 스트레스 해소, 우울증 완화, 불면증에 효과가 있다. 이 자세는 식은 죽 먹기지. 바닥에 몸을 눕혀 가만히 있으면 되니까. 그런데 생각보다 어렵다. 몸은 죽은 것처럼 편히 쉬지만 의식은 깨어 있는 상태에서 호흡에 집중하며 나에게 집중해야 한다. 차라리 몸을 쓰는 게 더 수월하다. 도통 나에게 집중이 되질 않는다. 저녁은 뭘 먹을지, 진상 고객의 얼굴이 둥둥 떠다니고 내일 학교 갈 때 어떤 옷을 입고 갈지, 오만가지 생각이 올라온다. 몸을 쓸 때는 잡생각이 들어올 틈이 없다가 이 동작에서 갑자기 잡생각이 올라온다. 머리에 생각을 없애야지 할수록 더 많은 생각들이 올라온다. 이런 젠장, 쉬운 건 하나도 없군. 쉬운 건 없다니까.

"이제 몸이 깨어납니다. 손, 발을 움직이세요." 원장님의 목소리에 화들짝 놀라 깼다. 잠들지 않은 척 하기엔 코고는 소리가 너무 우렁찼다는 사실. 입가에 침까지 흘렸다는 사실. "남을 의식하지 마세요."에 너무 집중했다. 지금, 쥐구멍이라도 있으면 도망가고 싶다. 나에게 집중하지 못하고 오만가지 생각을 하다가 결국엔 잠들었다. 이제 어찌 원장님과 동료들을 본단 말인가. 원장님은 빙그레 미소를 짓고 자기도 처음엔 그랬다고 다음엔 더 집중하라고 했다. 또 한마디 덧붙인다. "요가의 꽃이라 할만큼 좋은 아사나입니다. 가장 어려운 자세이기도 하지요."

요가 자세 중에 가장 쉬운 줄 알았는데 누워서 가만히 있으면 되는데 이것이 왜 이렇게 어려운 걸까? 힘들게 몸을 쓰지 않아도 되는데, 아무것도 하지 않는 것이 이렇게 어렵구나. 이 자세의 핵심은 내려놓음이다. 내려놓았다고 쉽게 말하지만 내려놓는 것이 가장 어렵구나. 너란 아사나 쉽게 봤다가 이게 뭐야.

〈요가후기〉

밤늦게까지 잠들지 못하고 새벽 일찍 일어나 출근한 적이 있는 사람에게 도움이 되는 송장 자세를 같이 해 볼까요. 잠들기 전에 하면 숙면에 도움을 주고 피로를 풀어주고 마음의 안정과 평화를 주는 자세예요. 신체의 모든 부분을 긴장으로부터 해방시키기도 하지요. 천식환자, 호흡기 질환, 심장병에도 효과가 있어요. 시체처럼 누워 마음을 고요하게 하고 휴식을 취하는 방법을 같이 해 볼게요. 이 시체놀이는 아무것도 하지 않는 연습이에요. 애쓰거나 노력하지 않고 그저 존재하는 것의 가치를 발견하는 것이죠.

좋은 엄마, 좋은 아내, 좋은 아들, 좋은 아버지가 되려고 애쓰지 마세요. 이 순간만큼은 그냥 행복한 나였으면 좋겠어요. 처음에는 지루하고 잠들기 일쑤고 좀처럼 집중되지 않지만 하면 할수록 매력 넘치는 자세예요. 몸은 가만히 있는데 마음은 어떻게 하고 있나요. 얼굴 표정보다 마음 표정이 더 중요하죠. 이젠 마음을 보세요. 오늘 하루 애쓴 내 마음을 들여다보고 토닥여주세요. 그럼 매트를 펴고 모든 요가 자세 중의 꽃이라 하는 송장 자세를 같이 해볼까요.

요가 TIP

몸에 힘을 다 뺐다고 해도 아래턱이나 입을 악물고 있는 경우가 많다. 정말 시체처럼 모든 긴장을 다 내려놓는다. 요가는 하나씩 쌓아가는 수련이라기보다 하나씩 내려놓는 연습이다. 〈사진참조〉

1. 시체처럼 등을 바닥에 대고 눕는다. 팔 다리는 가장 편하게 둔다.
2. 눈을 감고 손바닥은 위로 향하게 한다.
3. 어깨, 팔, 다리 등 온몸에 힘을 뺀다. (모든 긴장을 내려놓는다)
4. 혀가 편안해야 하고 눈동자조차 전혀 움직이지 않는다.
5. 완전히 긴장을 풀고 천천히 호흡하면서 내쉬는 숨에 스트레스나 부정적인 생각을 내보낸다.
6. 눈을 감고 몸은 시체처럼, 의식은 깨어있는 상태로 유지한다.

7. 깊은 호흡으로 시작하고 나중에는 가늘고 천천히 숨을 쉰다. (15분~20분)

사진 7. 송장 자세

희한한 기쁨

이제는 자세가 잘 나오든, 안 나오든 중요하지 않다. 요가를 잘하든 못하든 상관없이 지금 내가 요가를 하고 있다는 것이 행복하고 감사하다. 요가가 주는 유익함은 건강한 몸을 얻는 것도 있지만 나는 가벼움, 밝음, 평안함을 제일로 꼽는다. 지금 평안하고 행복하다면 그걸로 족하다. 왜냐하면 원래 요가는 명상을 위한 도구로 시작되었기 때문이다. 자세가 잘 된다고 호들갑떨지 않는다. 자세가 안 된다고 마음 쓰지 않는다. 고꾸라지고 넘어지고 벌러덩 떨어지곤 했던 시간들이 모이고 쌓여서 이제는 내 몸을 믿게 되었다. 더디지만 하면 됐으니까. 어쩌면 아픈 어깨와 허리 통증, 다리 통증을 달고 살아온 내가 매일 매트를 펴는 자체가 수련이었는지도 모르겠다. 스승님의 자세는 부드럽고 깊고 강렬하고 힘이 있다. 그 깊이를 따라가려면 한참 멀었지만 꾸준히 해본다. 스승님의 모든 말이 요가와 연결될 때는 '또라이'인가 싶다가, 어떨 땐 마음을 어루만져주는 따뜻한 말로 품어 줬다가, 요가 자세를 할 때는 완전 입이 벌어진다. 여러 말이 필요 없다. 고개가 저절로 끄덕여진다. 나도 스승님의 편안함과 깊이를 배우고 싶다. 그렇게 되려면 비법이나 왕도 같은 건 없다. 매일 매트 위에 몸을 세우는 수밖에. 머리로는 아무리 이렇게 하면 되겠지 알고 있어도 한 번에 되는 건 없다. 저절로 되는 것도 없다. 몸에 익숙해질 때까지 고통과 함께 하는 것밖에 별 도리가 없다. 하루에 해를 수십 번 본다.

일단 해본다.
다시 해본다.
천천히 해본다.
계속 해본다.
매일 해본다.
내 몸에 집중해본다.
잘 되든 안 되든 되는대로 해본다.

이젠 벽에 기대지 않아도 머리서기 자세가 된다. 몸이 가볍다. 이렇게 되기까지 팔이 바들바들 떨렸고 고꾸라지기를 셀 수도 없이 넘어졌다. 자꾸 넘어지니까 아프지 않게 등을 동그랗게 말아 안전하게 넘어지는 법을 추가로 배웠다. 인생에서도 걸리고 넘어질 때 잘 넘어지면 조금 덜 다치지 않을까 무단히 그런 생각도 해본다. 이 또한 쓸데없는 생각이다. 요가의 핵심은 바로 '지금 존재하기'다. 요가 자세 중에 가장 희열을 느끼고 몰입을 주는 동작이 바로 머리서기다. 예전에는 눈물, 땀, 살들이 흘러내렸다면 지금은 온몸에 전율이 흐른다. 요가 자세와 호흡이 하나 되고 자세와 내가 합체된 느낌은 황홀함 그 자체다. 처음엔 무섭고 피하고 싶은 동작이 이제는 여유가 있다. 땀을 흘릴수록 몸이 교정되고 건강해지고 에너지가 충전되는 그 황홀감은 거의 중독에 가깝다. 무념무상의 상태로 10분 정도 머리서기를 할 때는 오로지 내 몸에 들어오는 숨과 내어 쉬는 숨에 몰입한다. 아무 생각도 없는 그 자체가 행복이다. 모든 걸 내려놓고 지금에 집중한다. 균형을 잡는 과정에 나를 믿고 존중하게 된다. 다른 외부 자극에 전혀 동요되거나 휘둘리지 않고 오롯이 내 몸에 집중한다. 때로는 생리 중인걸 깜빡하고 머리서기를 해버렸다. 생리 중일 때는 몸속의 어혈이 빠져나오는 시기라 머리가 다리보다 아래로 내려가는 모든 동작들과 다리를 들어 올리는 자세는 피하는 게 좋다. 아차, 오늘은 특별한 날이지 싶어서 얼른 다른 자세로 바꾼다. 그만큼 머리서기는 기분 좋은 중독이다.

머리서기가 되고부터 완전 요가에 꽂히고 말았다. 내 몸을 내던질 수 있고 거꾸로 박히게 하는 요것은 논바닥에 꽂힐 때와는 결이 다른 쌈박함이었다. 머리서기를 다른 말로 표현하자면 나는 '꽂히는 몸'이라고 말하고 싶다. '꽂히다'를 사전에 찾아보니 쓰러지거나 빠지지 않게 박아 세우거나 끼우다. 내던져서 거꾸로 박히게 하다라고 설명되어 있다. 쓰러지지 않게 어긋나지 않게 몸을 세우고 흔들리지 않게 중심을 잡는 자세가 머리서기이고 '꽂히다'와 같은 뜻이라니 재미나다. 나는 매일 매트에 꽂힌다. 매트 위에서 몸을 꽂는 것은 몸을 꽃으로 만드는 과정이라 생각한다. 건강하고 유연한 몸을 볼 때 나는 몸이 꽃으로 보였다. 요가 자세를 하다가 베란다 통유리에 비친 내 몸을 볼 때 나는 감탄한다. 내 몸이 아픈 몸이었고 저질 몸뚱어리에서 지금은 유연하고 건강한 몸으로 바뀌었기 때문이다. 지금의 내가 자랑스럽고 예쁘다. 심장박동소리, 땀이 송송 맺힌 몸, 들어오고 나가는 호흡을 느끼는 생동감에 감탄한다. 그리고 온몸에 기쁨과 감사의 꽃이 핀다. 이렇게 요가를 할 수 있음에 감사하고 살아있음에 감사하니 어찌 꽃으로 보이지 않을 수 있을까.

요가만이 줄 수 있는 기쁨이란 이런 것이다. 요가는 많은 것을 소유하지 않아도, 오히려 비울수록 충만함을 느끼고, 삶을 단순하게 살고자 하는 연습이다. 단순함과 고요함 속에 충만함이라니 이 얼마나 멋진 인생인가. 요가에 꽂혀 있는 한 상처받았다면 빨리 회복할 것이고 넘어졌다면 다시 일어나 몸을 세울 것이고 흔들리다가도 중심을 잡을 것이라 믿는다.

〈요가후기〉

오늘은 산처럼 견고한 산 자세를 배워 볼까요. 체중을 한쪽으로 치우치지 않고 바르게 서는 연습만 해도 자세가 교정되지요. 무심결에 체중을 한쪽 다리에 두거나 척추를 틀어서 서기도 하지요. 나도 모르게 무의식적으로 이렇게 서곤 하는데 바로 알아차리고 몸 전체가 어느 한쪽으로 기울어지지 않게 자세를 고치곤 해요. 바르게 섰다고 생각해도 체중을 발뒤꿈치나 혹은 발의 안쪽 또는 바깥쪽 면에 두기도 하지요. 서는 동작도 이처럼 아무 생각 없이 하면 흐트러지고 말아요.

이런 자세는 척추가 긴장되므로 쉽게 피곤하고 엉덩이도 느슨하게 되지요. 요가 자세 중에 서서 하는 기본 동작이고 가장 쉬운 동작이지만 이 또한 정성껏 해야 해요. 기본에 충실해야 다음 동작도 견고하고 깊은 자세를 할 수 있으니까요. 좌우를 균등하게 사용함으로써 바른 자세를 유지하고 내면의 안정과 함께 마음을 바르게 세우는 효과를 볼 수 있어요. 신발의 뒤축이 다르게 닳는다면 이 자세를 자주 하면 자세교정에 도움이 되지요. 내면의 소리에 귀 기울이고 산처럼 서서 고요함을 맛보는 자세를 같이 해볼까요.

요가 TIP

이 자세의 핵심은 엉덩이는 수축되고 복부는 들어가고 가슴을 펴는 데 집중한다는 것이다. 단순히 서는 자세도 이 세 가지만 지켜도 아름답고 건강한 몸을 유지할 수 있다. 몸이 제자리에 가지런히 정렬되는 느낌이 들었다면 충분하다. 〈사진참조〉

1. 두 발을 모으고 정면을 보고 선다.
2. 양 발뒤꿈치와 엄지발가락이 서로 맞닿아야 한다.
3. 두 무릎을 붙이고 엉덩이가 뒤로 빠지지 않게 괄약근을 조이고 복부에 힘을 준다.
4. 두 팔은 허벅지 옆에 가지런히 놓는다.
5. 숨을 들이쉴 때는 복부에 힘을 주고 가슴은 앞으로 내밀고 척추를 곧게 편다.
6. 숨을 내쉴 때는 부풀려졌던 가슴을 다시 원위치하는 느낌으로 깊이 내쉰다.

사진 8. 산 자세

특별한 연애

"어떻게 하면 요가를 잘할 수 있나요?"

나의 물음에 원장님은 뜬금없이 고기를 먹지 않으면 몸이 가벼워서 훨씬 동작이 크고 깊게 나온다고 했다. 20년 전, 나는 채식주의를 처음 접했다. 원장님은 오로지 채소, 과일, 해초 따위만 먹고 고기는 물론이고 우유나 치즈, 계란을 먹지 않는 철저하고 완전한 채식주의 비건(vegan)을 실천하고 있었다. 도대체 그런 생활이 가능이나 한 걸까? 먹고 싶은 걸 먹지 못하는 것은 생각만 해도 끔찍하다. 뭔 재미로 사는 건지. 특히나 남편은 삼시세끼 고기를 먹어야 밥을 먹었다고 생각하는 사람이다. 남편 때문에 실천하기는 힘들다. 이건 핑계다. 내가 자신 없다. 그래도 요가를 잘 하고 싶은 욕심에 고기는 먹지 않기로 하고 유제품이나 달걀 등을 섭취하는 락토 오브(racto-ovo)를 해보기로 선언했다. 식사를 할 때 매번 고기반찬에 젓가락이 자동으로 갔다. 실천이 되지 않은 채 1주일이 흘렀다. 원장님은 어떻게 과감하게 고기를 끊을 수 있었는지 여쭤보니 야채들을 키우기 시작하면서 자연스럽게 시작하게 되었다고 한다. 스승님은 이미 요가 수련을 통해서 동물복지와 환경보호에 눈을 돌렸고 몸소 실천하고 있었다.

"고기를 먹지 않는 것만 실천해도 우리가 후손들에게 좋은 환경을 물려주는 것이지요."

언젠가 꼭 해보고 싶었던 일이라 바로 키우기 시작했다. 텃밭이라 말하기엔 소꿉놀이 수준이다. 마당에 정원수 다섯 그루의 면적을 빼면 세 평 남짓이라 넓지 않아서 용기가 났다. 처음엔 내가 좋아하는 것으로 시작했다. 전혀 손이 가지 않고 거름도 필요 없는 채소들로. 그래야 바쁜 시간에 채소를 기르는 것을 스트레스로 여기지 않을 것 같아서 그랬다. 둥굴레는 뿌리를 캐서 물을 끓여 먹으려고 심은 게 아니다. 그냥 이파리가 앙증맞고 예뻐서 심었다. 번식력도 좋아서 해마다 봄이 되면 싹이 배로 늘었다. 그것만으로 기분이 좋았다. 그 다음에 시도해

본 작물이 머위와 돌나물이었다. 어릴 적 고향에서 봄이면 어머니와 나물을 캤던 추억이 떠올라 머위뿌리를 고향에서 가져와 심었다. 돌나물도 한 줌 옮겨 심었다. 따로 물을 주거나 거름을 주지 않아도 봄이 되면 자동으로 쑥쑥 올라왔다. 연초록 이파리들이 얼마나 앙증맞고 예쁜지 내가 생각해도 우스울 정도로 텃밭에만 가면 자동으로 입꼬리가 올라간다. 이번 봄에도 머위 쌈으로 입맛을 돋우고 돌나물로 된장찌개를 끓이고 봄채소들로 비빔밥을 해서 맛있게 먹었다. 연초록 이파리가 눈과 입을 즐겁게 한다. 소화가 잘되니 몸까지 가뿐하다. 첫 시작은 미미했으나 작은 채소들이 지금은 제법 다양해졌다. 5월 초에 모종을 구했다. 상추 10개, 고추 5개, 가지 5개를 구했다. 여러 해 지어본 결과 4인 가족이 먹기에 적당한 분량이다. 더 많거나 늘렸다가는 놀이가 아니라 게으른 나에게는 일이 될 것 같아서 포기했다. 작은 두둑을 만들고 적당한 간격으로 심었다. 호미질을 하다가 지렁이가 나오면 화들짝 놀래서 고함을 지르고 몸이 자동으로 저만치 튀어 올랐다. 지금은 지렁이를 보면 "안녕" 하고 인사를 하게 되었지만 처음엔 얼마나 놀래고 겁이 났는지 모른다. 지렁이가 나의 호미질을 보고 더 놀랬겠지만.

호미질은 재미있다. 사각사각 소리가 꼭 내 마음의 때를 벗기는 소리 같아서 좋다. 일부러 잡초가 없어도 무단히 흙을 한 번

씩 갈아엎는다. 그 사각사각 소리가 좋아서. 호미의 생김새는
또 얼마나 역동적인지 꼭 '트리코나(삼각형)아사나(요가 자세)'를 떠
오르게 한다. 삼각형의 호미는 잡초제거에 탁월하다. 몇 번만
긁어주면 많은 양의 잡초가 손에 들어온다. 작은 도구라서 가볍
고 효율적이다. 땅을 파기도 하고 때로는 자르기도 하고 조개를
캘 때도 유용하게 사용한다. 명품백보다 훨씬 예쁘고 가치 있
다. 애장품을 사용한 후에 물에 깨끗이 씻어 거꾸로 세워놓으면
호미도 머리서기 자세를 해서 에너지를 충전하는 시간이구나.
나마스떼(namaste 인도에서 쓰는 인사말로 "지금 그대로의 당신을 존중한다."
라는 뜻) 혼자 키득거리며 작별 인사를 한다.

　가지와 고추는 거름을 하고 비바람에 넘어지지 않게 지지대
를 세워주는 정성은 들여야 한다. 땅을 일구고 호미질로 잡초를
뽑는 과정에 초록색 채소들은 더욱더 빛나고 토실한 열매를 맺
는다. 고맙고 앙증맞은 채소가 그저 예쁘고 기특하고 기분 좋다.
초록의 기운이 몸속으로 그대로 들어온다. "우리가 먹는 음식이
곧 우리 몸"이라는 말이 있다. 나만의 야채들이 마음을 다독여
주고 몸에 에너지까지 준다. 요가를 하고부터 기르기 시작한 야
채들과 간헐적 단식은 지금도 계속 유지하고 있다. 워낙 고기사
랑이 지극한 남편 덕분에 고기를 입에 대지 않는 것은 힘들어

서, 2년 정도 채식을 하다가 지금은 자유롭게 고기를 먹고 있다. 다행인건 고기를 자주 먹는 편도 아니고 고기가 당겨서 먹고 싶은 적은 없다. 회식을 하거나 남편하고 외식은 어김없이 고기집이지만 괜찮다. 야채를 더 많이 먹으면 되고 가끔 고기를 먹어 주는 것도 나쁘지 않기 때문이다.

비가 온다. 텃밭에 야채들이 마음껏 자라겠다. 기분 좋다. 텃밭을 바라보고 있는 것만으로 콧노래가 나오고 빙그레 웃게 된다. 자꾸 보고 싶고 자고 일어나면 얼마나 더 자랐을까 또 보고 싶다. 요가도 농사도 놀이로 하라는 스승님 말씀이 귀에 맴도는 날이다. 요가도 매일 수련을 하는 과정에서 내 몸과 마음을 만나듯 야채를 키우는 일도 잡초를 뽑고 지지대를 세우고 거름을 주는 과정에서 교감을 느낀다. 식사할 때 음식 명상이 자동으로 된다. 음식 명상은 혀끝에서 느끼는 맛의 즐거움만 추구하는 욕구에서 벗어나 음식의 바른 성품을 경험하는 과정이다. 음식을 대할 때 음식과 내가 하나가 되고 자연과 내가 하나가 되는 일체감을 자동으로 느낀다. 자연의 일부 속에 내가 있고 음식을 대하는 태도가 저절로 바른 음식을 선택할 수 있는 지혜의 길로 인도한다. 음식 명상의 핵심은 자연과 조화로운 삶을 지향하고 모든 존재의 소중함을 배우는 시간이다. 적게 먹고,

천천히 먹고, 불필요한 것을 소유하지 않는 단순한 삶을 선택하게 한다.

음식 명상을 하는 방법은 다음과 같다.

1. 음식을 베푸는 사람과 음식을 받는 자신 모두 자연과 같은 아름다운 존재가 되기를 기원한다.

2. 내 앞의 음식이 나에게 어떻게 오게 되었는지 그 인연을 생각해 본다.

3. 소식을 함으로써 음식을 낭비하지 않고, 절제와 검소, 청결의 정신을 배운다.

4. 음식을 정성껏 씹는다. 오래 씹을수록 소화기능을 돕고 체내흡수율도 높다.

5. 음식을 먹는 자신의 모습을 바라본다. 빠르게 먹는 습관과 요란하고 경박한 모습을 멀리하게 된다.

6. 음식물을 남기지 않는다. 쓰레기 없는 정갈한 식단으로 환경이 오염되지 않도록 한다. (먹을 만큼만)

7. 음식을 먹을 때 맛있고 즐겁게 먹는다. 내 몸에 들어와 건강한 에너지를 줄 음식을 고맙게 생각한다.

요가는 봄과 닮았다.
새로운 기쁨이 오고
새로운 에너지가 생기고
새로운 친절과 사랑이 온다.

Part. 3

삶은
선택
이다

01

계속 아플래? 행복할래?

지금 생각하면 어떻게 그 시절을 견뎠을까 싶다. 한 줄기 빛이라고는 찾아볼 수 없는 막막했던, 온몸이 아프고 고달팠던 시절에 요가를 만난 것이 기적이고 나를 살렸다. 아프지 않기 위해 요가원에 갔다가 어깨 통증이 더 심해서 펑펑 울었다. 그때 바로 포기했더라면 오늘날 이런 기적 같은 일상을 경험하지 못했을 것이다. 계속 아픈 몸으로 살기보다는 행복하게 살기를 선택했기 때문에 오늘의 내가 존재할 수 있었다. 삶은 매 순간 선택이다.

요가원장은 엉망인 몸을 이끌고 찾아온 나를 보고 내 몸을 제대로 돌보지 못한다고 나무랐다. 혹사시킨 몸에게 미안하지도 않느냐? 왜 그렇게 사느냐? 건강 말고 뭐가 그리 중하냐? 물었다. 그 말을 듣고 아무 말도 못하고 선생님한테 혼나는 아이처럼 눈물만 흘렸다. 한참을 울고 나서 눈물콧물 범벅이 된 얼굴로 바보처럼 일만 하고 살았던 시간들이 지옥 같았다고 고백했다.

"애썼어요. 이제는 몸 좀 챙겨요."

이 말이 얼마나 위로가 되었는지 모른다. 따뜻한 말은 이런 것이구나. 나도 누군가에게 같은 말이라도 이왕이면 이런 따뜻한 말을 해야지 마음먹었다. 이 말은 오래도록 내 마음속에 들어와 살았다. 원장이 혹독하게 인정사정없이 동작을 밀어붙여도, 한 번씩 매몰차게 꾸중을 해도 그냥 넘길 수 있었던 것은 바로 이 진심 어린 말 한마디가 있었기에 가능했다. 요가 자세를 할수록 더 많이 아파진 어깨를 붙잡고 눈물을 흘리면서 도저히 못 하겠다고 했을 때 원장은 말했다.

"계속 아플래? 행복할래?"

당연히 행복하게 살고 싶다고 말했다.

"엉망진창이 된 몸을 다시 회복하려면 최소 2개월은 견뎌야 합니다." 그건 충분히 알겠다. 통증에서 벗어날 수 있다면 고통스러운 2개월의 교정은 해 볼 만하다고 생각했다가, 죽을 것 같은 고통과 마주할 때는 한없이 약해지고 만다. 요가고 뭐고 다 때려치우고 싶다. 그럴 때마다 나는 통증 없는 몸을 상상하며 통증을 견뎌내곤 했다. 일단 아프지 않고 행복하게 살기로 선택했다면 해보는 거다. 워낙 몸이 굳어 있고 비대칭인지라 요가를 할수록 고통은 상상을 초월했다. 땀보다 비명과 눈물이 더 많이 나왔다. 무사히 마치고 집으로 돌아올 땐 콧노래를 부르며 잘 견뎌낸 내가 기특하고 대견했다.

어깨 통증에서 벗어날 수 있다면 행복할 것 같았다. 아프지 않은 몸을 만들기로 스스로 선택했기 때문에 가기 싫은 마음을 이기게 했고 중간에 포기하는 것을 막아주었다. 어떤 선택을 했는지에 따라 무엇을 해야 하는지, 하지 말아야 하는지 선명해진다. 요가 수련을 2개월만 견뎌내면 통증 없는 몸으로 된다는 가능성도 도움이 되었다. 지금 당장은 아프지만 조금씩 몸이 좋아진다는 가정하에 열심히 매진했다. 고통이 끝날 것 같지 않았지만 언젠가는 끝날 것이란 희망과 가능성에 초점을 맞추고 밀고 나갔다. 비가 오나 눈이 오나 하루도 빠짐없이 매일 요가원에 갔다. 매번 요가를 할 때마다 눈물과 땀으로 범벅되고 고통이 몸에 가득차면 매트를 걷어차고 싶은 마음 간절하다. 그럴 때마다 결심했고, 선택한 사람이 다른 사람이 아닌 내가 했기 때문에 끝까지 가보자는 오기가 생겼다. 2개월만 이 지옥에서 견뎌보자. 통증 없는 건강한 몸을 만들기 위해 필요한 행동은 한 가지뿐이다. 매일 요가원에 가는 것이다. 요가원에 갈 때마다 무섭고 두려워서 도망가고 싶은 때가 한두 번이 아니었지만 그럴 때마다 유혹을 이길 수 있었던 것은 아프지 않고 행복하게 살기로 선택했기 때문이다.

요가에 입문한 지 3개월쯤으로 기억난다. 고통 속에서 몸을 늘리고 비틀고 구부리는 과정에서 호흡도 자세도 조금씩 편해졌다. 무거운 돌덩이 같은 어깨는 시나브로 말랑말랑해졌다. 한 동작하고 바로잡고 한 동작하고 좀 더 나아가고 더 늘려보고 그러다가 허리 통증도 다리 통증도 없어졌다. 몸이 가벼워져서 기뻤다. 피하고 싶고 머뭇거리는 자세들이 조금씩 부드러워졌다. 힘이 하나도 없던 몸에 생기가 돌았다. 오랜만에 가볍고 밝은 좋은 에너지를 온몸으로 느꼈다. 선택은 내적 유혹이든 외적 유혹이든 모든 것을 이기게 했고 중간에 포기하는 것을 막아주었다. 요가에 도움 되지 않는 생각과 습관을 멀리하게 했다. 아픈 몸에서 건강한 몸으로 살고자 요가를 선택했다. 살아가다 보면 좋아하지 않거나 원하지 않는 일을 만나게 된다. 이럴 때도 선택의 기로에 서게 되는데 요가는 적어도 내 앞에 놓인 어떤 방해물을 만나면 그 반대쪽엔 무엇이 기다리고 있는지 볼 수 있는 눈을 갖게 했다. 여기서 힘들다고 포기한다면 앞으로도 계속 아프고 찡그린 내 모습이 보였다. 요가 자세에 집중하고 내 몸이 느끼는 고통과 함께 조금씩 나아가다보니 내 안에 어떤 에너지가 나왔다. 지금 당장 힘들다고 어렵다고 아프다고 포기했다면 여전히 징징거리고 아프다는 소리를 달고 살았을 것이다. 통증을 달고 살았던 몸에서 건강한 몸으로 행복하게 살기로 선택했다. 요가를 했다. 매일 매트 위에 몸을 세웠다. 모든 것이 달라졌다. 남들보다 더디고 두 배로 공들인 시간과 노력은 헛되지 않았다. 어깨 통증은 사라졌고 우울증도 없어지고 일상에서 소소한 기쁨을 만끽하고 있다.

〈요가후기〉

오늘은 강인함을 상징하는 전사 자세를 배워 볼까요. 골반의 균형을 열어주면서 하체의 힘을 기르는 자세이고 어깨와 등의 뻐근함을 없애주는데 효과 있어요. 특히 허벅지 근육을 강하게 하고 전신에 활력이 생겨요. 허벅지 근력 발달로 칼로리 소모를 폭발적으로 돕기 때문에 다이어트에 효과적이죠. 척추와 골반이 균형을 맞춰 체형이 아름다워지는 자세예요. 요가는 몸매를 아름답게 가꾸는 목적이 아니라 자세를 하는 과정에서 몸이 보내는 신호를 알아듣고 마음의 소리에 귀 기울이는 것이죠. 오늘은 어떤 말이 들리나요.

요가 TIP

무릎이 90도를 유지해야 한다. 엉덩이에 힘을 주어 허벅지 앞쪽이 내려가게 한다. 허벅지 근력에 집중할수록 다이어트에 성공하기 쉽다는 사실. 손끝부터 발끝까지 전신이 시원해진다. 〈사진참조〉

1. 선 자세에서 어깨너비만큼 다리를 벌리고 선다.
2. 숨을 들이마시며 왼발을 뒤로 빼준다.
3. 오른쪽 무릎은 90도로 구부려 몸을 낮춰준다.
4. 왼발은 뒤에서 발바닥으로 45도 지지해 준다. (양손은 바닥을 짚고 시선은 정면)
5. 상체를 들어 허리를 곧게 편다.
6. 양팔을 쭉 뻗어 귀 옆에 붙이고 척추를 정수리까지 뻗어낸다는 느낌으로 손가락을 뻗어 호흡한다.

7. 시선은 초보자는 정면, 중급 이상은 손끝을 보고 손끝은 하늘에 닿는 느낌으로 계속 뻗는다. (30초)

8. 뒤쪽 발을 가져와 모아주고 두 손도 내려선 자세에서 호흡을 가다듬는다.

9. 반대 발도 교차하여 같은 방법으로 실시한다. (이번엔 왼쪽 무릎이 90도 유지)

사진 9. 전사 자세

02

지옥을 견디다

30대 남자 고객은 착하고 평범해 보였다. 첫인상은 청바지에 운동화를 신고 니트를 입은 깔끔한 청년으로 기억된다. 우리 매장에 하루에 서너 번 방문했고 그때마다 우유나 빵을 사기도 하고 담배를 사기도 했다. 또 다음날은 음료수를 샀고 그 다음날은 라면, 세제, 화장지 등 부피가 큰 제품들을 샀다. 단골이 한 명 늘어나는구나 싶어 고맙기도 해서 사은품으로 나온 수세미와 주방세제를 챙겨 주었다. 일주일 후에 구청에서 과태료 영수증이 날아왔다. 비닐봉투를 무상으로 지급했다고 영수증 사진을 첨부해서 우리 매장을 신고했단다. 어떤 고객은 비닐봉투 값

을 받는다고 인정이 없다며 화를 내기도 하는데 동네단골에게
는 인정상 그냥 주기도 했던 것이 벌금을 내게 했다. 지구와 환
경을 위해서 비닐봉투와 일회용품 사용을 줄이자는 취지인데
이 청년은 자신의 비닐봉투 사용을 줄이는 것은 뒷전이고 직업
정신을 발휘했다. 이 청년의 직업은 슈파라치로 돈을 버는 사람
이다. 슈파라치는 슈퍼마켓을 찾아 유통기한이 지난 제품이나
비닐봉투 무상지급 시 구청에 신고하여 포상금을 받는 사람이
다. 이런 직업으로 돈벌이를 해야 하는 청년들은 무슨 죄인지.
대기업도 아니고 얼마를 번다고 동네마트에서 벌금을 내야 하
는 소상공인들은 또 무슨 죄인지. 나의 억울함을 호소하는 글
을 청와대 국민청원에 올렸다. 많은 소상공인들이 슈파라치에
당했고 그 고충으로 더욱더 힘들어지고 있는 실정이었다. 다행
히 많은 소상공인들이 힘을 보태서 이제는 슈파라치들의 포상
금제도가 없어졌다. 남을 신고하기 전에 자신이 카페에 갈 때 텀
블러는 챙겨 가는지, 근무처에서 일회용 종이컵 대신 머그컵을
사용하는지 되돌아볼 일이다. 도대체 누구를 믿고 살아야 할
지 온몸에 힘이 하나도 없는 상태로 요가원에 갔다.

평소에 쓰지 않던 근육을 쓰고 평소 습관의 반대로만 동작
을 하니 죽을 맛이다. 그 동작을 할 때마다 매번 고통스럽고,

그때마다 나는 눈물을 매트 위에 쏟고 만다. 어깨 통증에 비명을 지르고 얼굴이 찡그려질 때마다 마음에서 올라오는 소리는 그만 포기하라고 충동질한다. 고통스럽고 힘들고 어떨 땐 술을 먹지 않아도 비틀비틀한다. 내 의지와 상관없이 몸이 움직일 땐 더욱더 유혹의 목소리가 자주 올라온다. 신기한 것은 매트 위에서는 진상고객의 존재는 까맣게 잊어버린다. 오로지 몸과 마음이 말을 걸면 그것에만 열중한다.

나에겐 너무 힘들어.

나는 못 해.

지금도 몸을 혹사하는 거잖아.

편히 쉬어.

지금이 멈출 때야.

나는 해봤자 안될 거야.

포기해.

이런 마음의 소리가 올라올 때마다 원장은 내 마음을 귀신처럼 읽고 말했다. "생각을 바꾸면 행동도 바뀝니다. 따라 합니다. 지금 잘하고 있다. 내 몸에 집중한다. 나는 점점 좋아지고 있다." 이 말을 외치고 다시 마음을 다잡고 동작을 할 때마다 내 몸에 집중했다. 말의 힘은 컸다. 말은 생각을 바꾸게 했고 행동하게끔 이끌었다. 포기하고 싶은 순간마다 나는 이 말을 되풀이했고 어떻게든 1시간 30분을 견뎠다. 내 안에서 유혹하는 목소리가 들리면 나를 저만치 떨어져서 바라봤다. 그 덕분에 요가에 하등 도움이 되지 않는 목소리에 휘둘리지 않고 내 몸을 매트 위에 세울 수 있었다. 힘들 때마다 아기 자세로 쉬면서 몸에서 어떤 반응과 소리가 들리는지 집중했다. 그때마다 어김없이 몸을 아끼지 않고 돌보지 않고 혹사한 몸에게 사과한다. 앞으로는 잘 보살피겠노라 약속한다. 몸에 통증이 올 때마다 마음이 말을 걸었고 내 몸을 알아가고 보살피는 시간이 되었다. 지금 내게 필요한 건 다른 요가 수련자들의 크고 화려한 자세가 부러운 것이 아니라 통증 없이 한다는 게 가장 부러웠다. 오직 하나, 어깨에 통증만 없어진다면 그게 유일한 소원이었다. 간절했다.

고장 난 몸을 다시 회복하는 것은 고통이 따랐고 인내가 필요했다. 몸을 교정하는 것은 하루아침에 되는 것이 아니었다. 부족해도 잘 되지 않더라도 일단 내 몸을 인정했다. 저질 몸뚱어리지만 내가 30%만 할 수 있다면 그날은 그것만큼 최선을 다했다. 어떤 날은 어깨 통증이 심해서 자세를 할 때마다 울었고, 어떤 날은 다섯 가지 동작만 하고 오는 날도 있었다. 다음날도 그 다음날도 욕심내지 않았다. 내 몸에 맞게 자세를 잡고 진도 나가는 것은 신경 쓰지 않았다. 꾸준히 멈추지 않고 몸을 매트 위에 세웠고 긍정적인 주문을 스스로에게 걸었다. 매트 위에선 매일 지옥 같은 고통으로 눈물을 흘리면서도 마치고 집으로 돌아올 땐 잘 견뎌준 몸에게 고맙다고 수고했다고 말했다. 나에게 토닥토닥.

어떤 자세는 고통으로 힘들었고 어떤 자세는 매트를 박차고 나가고 싶었다. 그럼에도 요가에 도움이 되지 않는 생각과 유혹을 단호하게 거절할 수 있었던 것은 나에게 긍정적인 주문을 걸었기 때문이다. 조금의 가능성에 희망을 걸고 더디지만 한 걸음씩 가보자고 내 몸을 이끌었다. 긍정적인 주문은 몸을 움직이게 했고 긴장과 초조함을 사라지게 했다. 포기하고 싶어지는 순간 어떻게 할 것인지 그 선택은 내가 한다. 아픈 몸에서 건강한 몸으로 만들기 위해선 예전과 다른 행동이 필요했다. 그것은 요가였고 고통이 몸을 괴롭혔다. 지옥 같은 고통을 견디기 위해선 긍정적인 주문을(나는 점점 좋아지고 있다) 걸었다. 정말로 기적처럼 몸과 마음이 점점 좋아졌다. 마음속으로도 하고 소리 내어 나에게 하는 긍정적인 주문은 20년 동안 매일 매트 위에 서게 했고 지금의 나를 만들었다.

03

자식농사도 매트 위에서

나약하기 짝이 없는 울보를, 야무지지 못한 허술한 나를 요가는 제대로 위로해 주었다. 그동안 먹고 사는 것에 급급해서 바쁘게 사느라 나를 보살필 틈이 없었다. 그런 나에게 요가는 지칠 때는 말없이 안아주고 상처받았을 때는 조용히 토닥여주고, 슬프고 화나는 감정의 파도 위에선 한없이 흔들릴 때도 말없이 받아주었다. 나의 부족함이 있을 때는 괜찮다며 덮어 주기도 했다. 자녀들이 진로를 고민하거나 대학교를 선택할 때도 나는 요가매트 위에서 자녀들과 함께 했다. 평소에 자주 차를 나누거나 요가 동작을 따라하곤 해서 자연스럽게 자리가 이루어지곤 했다.

눈을 감고 자신이 무엇을 좋아하는지, 무엇을 할 때 가장 행복한지 생각하게 했다. 마음에서 어떤 말을 하는지 그 말에 귀 기울이고 선택하라 했다. 자녀들에게 이래라 저래라 강요하지 않았고 선택권을 자녀에게 주었다. 본인이 선택했다면 최선을 다할 것이고 결과가 어떻게 나오든 그에 따른 책임도 받아들이는 자세를 배울 것이다. 다행히도 자녀들은 '자립할 수 있는 사람'으로 성장했다. 딸아이가 대학교를 갈 때 과를 선택할 때도, 아들의 친구들이 문과에서 이과로 전향했다는 소리를 들어도 나는 조금도 흔들림 없이 "네가 좋아하는 걸 해. 네가 공부하고 싶은 걸 해"라고 말했다. 자녀들이 취직이 잘 되는 학과를 선택하는 것을 나는 원하지 않는다. 자녀들이 친구 따라 강남 가는 걸 원하지 않는다. 꼬마 때부터 상을 받아온 것들이 모두 이과하고는 거리가 멀기 때문이다.

딸이 초등학교 1학년 때 한국문인협회에서 주관하는 창원예술제에서 당선된 시가 있다. 당선작품을 아래와 같이 옮겨본다. 딸이 남다른 글쓰기 재능이 있다는 것이 나는 기뻤다. 매번 여름방학, 겨울방학 때면 일기장 부분에 담임선생님이 칭찬을 아끼지 않았다. 가게 일이 바빠서 제대로 놀아주지 못했고 가족여행은 갈 수도 없었지만 딸은 혼자서 책을 읽고 글로 표현하면서 정서적으로 감정조절을 잘 해줬고 잘 커줘서 기특하고 고맙게 생각한다.

솜사탕

봉림 초등학교 1학년 허수민

뽀송뽀송 따뜻한 이불처럼

새록새록 잠들고 싶어

한 입만 먹어도

할아버지 수염이 되네

똑같이 먹어도

동생은 그대로

내 것만 작아져

아들은 운동을 좋아해서 한때는 운동선수로 키워야 하나
고민한 적이 있다. 초등학교 때 아들은 3년 정도 농구선수의 꿈
을 키운 적이 있었다. 잦은 부상으로 결국 중간에 그만두게 되
었지만 지금도 여전히 운동을 좋아하는 밝은 청년으로 잘 자라

주어 고맙게 생각한다. 경남청소년문화제 백일장 잔디밭에서 실컷 공을 차고 뛰어다니다가 땀이 범벅이 된 채 3분 만에 뚝딱 써놓은 시가 당선되기도 했다. 그 당시에 담임선생님은 "동규가 쓴 시를 보면 잠자리에 대한 표현이 잘 되어 있어요."라고 말했다. 나는 시에 대해 잘 알지 못했지만 잘 읽히고 공감이 가는 시가 좋은 시라고 생각한다. 선생님의 말을 듣기 전에도 내 새끼가 어쩜 이렇게 표현을 잘 했을까, 대단하고 기특하다. 어미 눈에는.

잠자리

봉림 초등학교 1학년 허동규

숨을 한 번도 안 쉬고
겨우 다가갔는데
어찌 알았을까
메롱 하고 날아 가버리네

푸른 들판도 가고
나무 높은 곳도 가고

바다도 가고

참 좋겠다

혼자 가면 심심하지

나도 데려가 줄래

〈요가후기〉

간단하지만 생각보다 효과가 무궁무진해서 매일 빼먹지 않는 다리
자세. 이 자세는 무릎 통증도 완화시켜주고 엉덩이 근육을 강화시
켜 뒤태를 멋지고 아름답게 만들 수 있어요. 가늘고 약한 다리보
다 탄력 있고 흔들림 없는 튼튼한 다리가 아름다운 다리.

요가 TIP

하체가 약한 사람에게 추천한다. 엉덩이와 다리는 탄력 있게 해주고
어깨가 뭉쳤거나 비대칭일 때, 거북목 교정에도 좋다. 오늘은 다리에
애정을 갖고 햄스트링을 단련시켜 볼까요. 〈사진참조〉

1. 천장을 보고 누워서 무릎을 세우고 팔 전체를 바닥에 댄다. (손 등이
   위로)

2. 발은 골반너비로 벌려서 11자 모양으로 바닥을 지긋이 눌러 준다.

3. 이 때 발은 엉덩이 밑에 위치한다.

4. 천천히 골반을 위로 들어올린다. (엉덩이, 허벅지, 코어에 힘이 들어갔나요)

5. 가슴은 활짝 여는데 집중한다. (다리근육으로 골반을 들어 올린다. 30초
   유지)

6. 내쉬며 등부터 끌어내려 엉덩이를 바닥에 대고 다리를 편다. (4회 반복
   한다)

사진 10. 다리 자세

04

모두가 스승이다

　오동통한 볼에 까만 눈동자, 방실거리는 웃음이 천진난만하고 위풍당당하다. 조카가 4살 아들을 데리고 왔다. 자동차 밑에 길고양이를 보고 "야옹아" 부르며 다가가더니 이내 고함을 지르고 운다. 고양이랑 놀고 싶은데 고양이가 멀리 도망갔다는 이유로 왕방울만한 눈물을 흘린다. 울음소리는 온 동네를 집어삼킬 듯하다. 아무리 어르고 달래도 아니란다. 고양이를 데려오라고 아예 길바닥에 드러눕는다. 모든 열정을 우는데 쏟아 붓는다. 얼른 매장으로 가서 고양이 간식을 챙겨왔더니 길고양이가 냄새를 맡고 다시 왔다. 사실 이 고양이는 매일 나의 자동차 밑에서 낮잠을 자곤 한다. 맛있게 먹고 고맙다는 인사를 하는 건지 내 다리와 아이 다리를 몇 번이나 스치다가 아예 배를 내놓고 눕는다. 아이는 눈물을 뚝 그치고 금세 헤헤거리며 고양이에게 말을 건넨다. 얼굴엔 눈물 줄기가 그대로인 채 하얀 이빨을 드러내고 방실거린다. 고양이가 가버렸을 땐 세상을 다 잃은 것처럼 울고, 지금은 세상을 다 가진 것처럼 웃고 있다. 온 마음으로 감정 표현을 한다. 울 때도 절정의 순간을 끌어올리는 힘으로 울고, 웃을 때도 온 마음의 기운을 다 끌어 모아 고양이에게 집중한다. 매 순간마다 솔직한 감정을 그대로 드러낸다. 올라오는 감정을 감추거나 내몰라하는 것이 아니라 있는 그대로 표현한다. 당당하고 솔직함에 눈을 뗄 수 없고 마음이 쏠린다. 아이를 보고 있자니 나도 저렇게 당당하게 감정표현을 해 보기는 했던가. 저렇게 울어 본적이 언제였던가 생각해 본다.

20년 전, 요가에 입문하고 나서 모든 자세를 할 때마다 어깨 통증으로 펑펑 울곤 했다. 울고 났을 때의 그 시원함이란. 요가는 몸을 늘리고 구부리고 펼치는 과정이라면, 울음은 마음을 늘리고 구부리고 펼치는 행위였다. 실컷 우는 과정에서 마음의 응어리가 풀리기 시작했고 마음이 한결 가벼워졌다. 눈물이 날 땐 실컷 울어야 한다. 울음은 마음을 스트레칭하고 다독이는 최고의 처방이다. 요가원에서 몸을 단련하는 것은 물론이고 마음을 스트레칭하고, 작은 것부터 표현하는 연습을 했고, 나는 깊은 우울의 수렁 속에서 조금씩 세상 밖으로 나오기 시작했다.

조카가 둘째를 임신해서 산모에 좋은 요가를 설명해 주었다. 임산부 요가는 통증과 분만 시 필요한 호흡법을 미리 연습하고 근육을 단련시켜 순산하도록 돕는다. 임산부 요가는 척추를 바로잡는 동작들이라 골반이 제대로 자리를 잡는데 도움을 준다. 임산부가 요가를 하면 어떤 점이 좋을까?

첫째, 몸이 많이 붓지 않도록 도와준다. 혈액순환과 호르몬 분비가 원활하지 않아 나타나는 부종과 각종 트러블을 예방하는데 도움이 된다. 뭉친 근육을 풀어주고 자궁이 커지면서 생기는 위와 심장의 압박을 완화시켜 주기도 한다.

둘째, 자궁 환경을 좋게 만든다. 꾸준히 요가 동작을 하면 자궁이 안정되어 태아가 편안히 자리를 잡는다. 발육하기 좋은 태내 환경이 만들어지므로 아기 또한 건강하게 자랄 수 있다.

셋째, 분만이 수월해진다. 골반의 유연성을 길러주므로 순산의 결정적 역할을 한다. 일주일에 3회 이상, 30분 정도만 해도 많은 효과를 볼 수 있다.

몇 가지 동작으로 조카는 부른 배를 안고 헐떡거리며 소파

에 벌렁 누웠다. 요가매트를 펼친 참에 내가 머리서기를 하는
데 4살 꼬마가 데굴데굴 구르며 따라한다. 아까부터 조카와 내
가 하는 걸 그대로 흉내 내고 있었다. 소파 앞에서 이리저리 구
르기를 한다. 그것도 방실방실 웃으며 재미있어 죽겠다는 표정
으로 하고 있다. 3개월을 거쳐 수없이 고꾸라지고 떨어지고 힘
들게 한 머리서기를 저 꼬마란 아이는 겁내지 않고 한다. 고꾸
라져도 깔깔댄다. 물론 소파라는 지지대가 있었지만 놀라운 유
연성이다. 실패할까 두려워하지 않고, 의심하지 않고 일단 하고
보는 것. 놀이로 알고 생기 있고 밝은 에너지는 가히 압권이다.
자고로 저렇게 수련을 해야 하거늘. 4살 꼬마에게 배운다.

〈요가후기〉

임산부에게 좋은 자세는 고양이 자세, 발끝 당기기, 물고기 자
세, 다리강화 자세, 허리 이완 자세, 호흡법, 나비 자세 등이 있
어요. 그중에 나비 자세를 소개할게요. 다리와 골반을 열어 나비
의 날개처럼 펴주는 동작으로 특히 골반과 고관절을 자극해요.
좌골신경통, 요통, 무릎의 관절염에 효과적이지요. 생리통이나
생리불순을 없애주기도 해서 여성들에게 추천해요. 특히 임산부
에겐 빠져서는 안 될 대표적인 자세예요. 건강한 산모와 순산에

도움이 되는 나비 자세 순서는 다음과 같아요.

상체를 앞으로 기울일 때 허리가 구부정해지지 않도록 척추를 밀면서 내려간다. 척추가 곧게 펴져 있는지 확인한다. 이마를 바닥에 붙이기 어렵다면 상체를 반만 내리고 팔꿈치를 구부려 바닥을 짚으면 되고 쿠션을 이용해서 휴식을 취하듯 해도 무방하다. 엉덩이 좌골뼈는 바닥에서 뜨지 않아야 한다. 허리와 고관절, 항문 주변의 근육인 괄약근의 힘이 강해져 치질 예방에도 좋다. 〈사진참조〉

1. 가슴과 허리를 곧게 펴고 앉는다.
2. 두 발바닥을 마주 붙이고 양손으로 발끝을 잡아 몸 쪽 가까이로 끌어당긴다.
3. 무릎을 위아래로 20회 정도 흔들어주며 골반에 힘을 빼고 근육을 풀어준다.
4. 숨을 들이마시며 아랫배를 내밀어 가슴과 허리를 쭉 편다. (등이 말리지 않게)
5. 괄약근을 조이고 내쉬는 숨에 복부, 가슴, 이마 순으로 천천히 바닥에 닿도록 상체를 숙인다.
6. 무릎은 뜨지 않게 배꼽과 발뒤꿈치가 만난다는 느낌으로 최대한 상체를 숙인다. (30초 유지)

7. 숨을 들이마시며 상체를 일으키고 숨을 내쉬면서 긴장을 푼다.

사진 11. 나비 자세

05

착한 척은 그만

사회자가 말했다. "시낭송가 한영임 씨를 앞으로 모시겠습니다. 큰 박수로 맞이해 주십시오." 매번 무대에 오르기 직전이 가장 설렌다. 무대에 올라 내가 좋아하는 시를 낭송하는 것은 또 다른 기쁨을 준다. 가을이라 박인환의 '목마와 숙녀'를 낭송했다. 잔잔한 음악이 흐른 뒤 청중들을 골고루 보면서 목소리가 멀리 뒤 좌석까지 전달될 수 있도록 복식호흡으로 했다. 속도는 빨라도 안 되고 너무 느려도 지루하기 때문에 조절하면서 즐겁게 했다. 시낭송이 끝나고 식사 자리가 마련되었다. 많은 사람들이 시낭송을 어쩜 그렇게 잘 하느냐, 그 긴 시를 어떻게 다 외웠느냐, 목소리가 좋아요, 표정이 편안하고 적당한 제스처가 좋았어요, 분위기 있어요 등등 칭찬과 격려의 말들이 쏟아졌다. 주로 시낭송은 행사의 품격을 올려주는 마중물 역할을 하는데 이런 반응은 성공적이라 할 수 있다. 그저 잘 감상해 주신 것에 감사할 뿐이다. 앞으로도 갈고닦아서 더 좋은 시를 낭송하고픈 마음이다. 그때 옆 좌석에 앉은 언니가 한소리 한다.

"난 네가 뭔 말을 하는지 하나도 모르겠더라."

"그 유명한 시 '목마와 숙녀'를 왜 모르실까요? 그리고 경상도 사투리로 낭송한 것도 아닌데 왜 언니만 알아듣지 못했을까요?"

당당하게 언니의 눈을 똑바로 보면서 말했다. 옆에 있는 언니는 얼굴이 빨개지면서 아무 말도 하지 못했다. 예전의 나였다면 그 사람 말에 상처받았을 것이다. 내가 뭔 말을 하는지, 상대방이 알아듣지 못하게 시낭송을 했나보다 했을 것이다. 이제는 그런 영양가 없는 말에 상처 받지 않는다. 언니는 뭉뚱그려서 그냥 내가 많은 사람들로부터 관심 받고 칭찬받는 것에 시기, 질투가 난 것이다. 이런 사람의 말은 눈곱만큼도 귀에 담아두지 말 일이다. 상처받을 가치가 없는 말은 반사시키거나 버리면 된다. 그렇다면 옆 좌석의 언니는 지금 어떤 기분일까? 무심코 던진 말에 반성했다면 다행이고 그것도 아니라면 잎으로는 그 어떤 말을 해도 나는 그 사람의 말을 믿지 못할 것이다. 관계 속에서 믿음을 잃어버린다는 것만큼 슬픈 일이 또 있을까. 앞으로도 봐야 할 얼굴이지만 적어도 거리두기가 다른 사람들보다 클 것이다. 강사 모임에서 피드백은 반드시 장, 단점과 개선해야 할 점을 동시에 알려준다. 제스처가 너무 산만해요. 조금 줄이면 훨씬 괜찮겠어요. 목소리가 작아서 안 들렸어요. 목소리를 조금 크게 해주면 좋겠어요. 이런 피드백은 오히려 나를 성장하게 하는 고마운 선물이라 생각하고 노력해서 부족한 부분을 채우려한다. 그렇지 않고 이유 없이 비방하거나 헐뜯거나 곱지 않은 시선으로 깎아 내리는 말은 바로 휴지통에 버리면 된다.

한 남자랑 30년을 살았다. 10년은 전업주부로 살았고 20년은 대부분의 시간을 사업장에서 남편과 함께 보내왔고 또 지금도 보낸다. 일을 하다가 성격이나 업무 방법이 달라서 목에 핏대를 세우고 치열하게 다투다가 이제야 철이 들었는지 측은지심이 생기고 인정해 주기에 이르렀다. 다시 생각해도 기 싸움이 대단했고 미련했지만 지금은 고마운 동반자로 시간을 채우고자 노력한다. 눈빛만 봐도 알 수 있고 말투만 들어도 안다. 기분이 좋은지 우울한지 불만이 있는지. 관공서에 납품을 하고 매장에 들어섰을 때 남편은 이미 저기압이었다. 숨소리가 다르고 눈에 힘이 잔뜩 들어가 있었다. 카드내역을 보고 표정관리를 하지 못하고 있었다. 코로나19로 매출이 줄어들었으니 지출도 줄여야 한다고 목에 핏대를 세우며 말했다. 나, 매일 마감치는 여자, 말하지 않아도 다 안다. 사업장이 대학교 앞이라 코로나19는 타격이 컸다. 학생들이 온라인 수업으로 대체되었고 매출은 급격하게 줄었다. 학교를 가지 않아도 되니까 학생들은 군이 비싼 원룸에 임대료를 내고 있을 이유가 없어졌다. 어떤 학생은 방을 빼고 본가로 들어갔다. 온라인 수업으로 많은 학생들이 주거공간을 옮겼다. 소상공인들은 매출이 줄어들어 생업에 지장이 왔고 학생들은 학생들대로 이중고를 겪었다. 부모들도 코로나19로 생계에 지장이 왔고 소득이 줄어들자 자동으로 자녀들에게 용돈을 적게 준다. 학생들이 없는 대학교 앞 소상공인들은 절반 이상 폐업했고 학생들은 알바자리 구하기가 힘들어졌다. 이번 학기는 계속 이런 상태로 간다고 예상하면 매출은 점점 줄어들 것으로 보인다. 대학교에 매달 납입하던 발전기금 후원을 끊었다. 미래 대학의 모습도 대학교 앞의 풍경도 코로나19로 많이 변화될 것이라는 예상은 남편과 생각이 일치했다.

일단 줄일 수 있는 부분을 궁리한 끝에 보험 3개를 해지하고 기존 들어가는 보험료도 조정해서 줄였다.

보험을 해지하니 납입한 돈의 절반도 안 되는 돈이 통장으로 들어왔다. 속이 많이 쓰렸고 부글거렸지만 어쩔 수 없었다.

장기적으로 보면 계속 유지하기 힘들다. 손실은 많았지만 과감하게 결단을 내렸다. 그 많은 보험도 사실은 남편의 지인으로부터 거절하지 못해서 벌어진 일이다. 그때는 사업도 잘 되었기에 가능하기도 했다. 결국엔 **뼈** 빠지게 일해서 번 돈을 보험회사에 좋은 일만 시킨 꼴이 되고 말았다. 이제는 화살이 나에게 왔다. 한 달의 씀씀이를 줄이라 했다. 나의 씀씀이란 크게 세 가지를 들 수 있다. **첫째, 책 구입비다.** 한 달에 책 구입비는 6권에서 10권 정도이고 지인이 책을 내는 달은 10권을 더 보태서 20권이 된다. 책값은 전혀 아깝지 않다. 책은 나를 위로하고 살아갈 힘을 주었고 힘든 시간을 견딜 수 있게 했다. 놀라운 기적이 일어났는데 내가 아는 세 명의 작가가 같은 달에 출간을 하는 바람에 지갑은 얇아졌지만 지인들에게 책을 선물하는 커다란 축복을 누렸다. 이 또한 주변 사람들이 읽고 쓰는 시간을 많이 한다는 증거이니 기쁘지 않을 수 없다. **둘째, 마사지를 좋아한다.** 일주일에 한번 꼴로 한 달에 네 번 피부 관리를 받는다. 열심히 일한 나에게 보상은 당연하다. 메이크업을 하지 않는 대신, 비싼 화장품을 쓰지 않는 대신 나에게 주는 선물이다. 마사지를 받으면 피로는 물러가고 온몸에 세포들이 새롭게 태어나는 느낌이다. 행복하고 전혀 돈이 아깝지 않다. **셋째, 건강식품도 제법 챙겨 먹는다.** 칼슘, 비타민, 효소, 오메가3, 단백질, 한약, 인삼,

종류별로 다양하다. 아프지 않고 병원 가지 않는 것도 꿀이지. 건강식품은 당연히 챙겨 먹어야 한다. 건강할 때 건강을 챙겨야지 잃고 나면 아무 소용없지 않은가. 내가 아프지 않는 것이 효도요, 남편이나 자녀들에게 해 줄 수 있는 보시라 생각한다. 이 세 가지는 아무리 생각해도 지금껏 단 한 번도 돈이 아깝다는 생각을 해 본 적이 없다. 명품 가방이나 보석엔 관심도 없다. 거듭 말하지만 나에게 명품 가방이나 보석 따위는 전혀 중요하지도 필요하지도 않다. 요가를 하면 모든 악세사리는 몸을 다치게 하는 무기로 변할 수 있기 때문에 보석엔 눈길도 가지 않는다. 체형 변화가 없으니 20년 된 원피스를 지금도 입고 외출한다. 이것 또한 요가를 한 덕분이다. 이렇게 합리적으로 소비를 하고 있거늘. 나름 검소하다는 말을 주변 사람들에게 듣고 산다. 나만의 방법으로 내가 좋아하는 것을 한다는데 그걸 이해 못 해 주는 남편이 밉다. 명품 가방이나 보석을 사는 것에는 인색하지만 내가 좋아하는 책, 마사지, 건강식품은 돈과 시간을 아끼지 않겠다. 품위유지를 위해서 이 정도는 기본이지. 나, 관리 받는 여자야, 감히 태클을 걸어. 오늘은 남편 말을 듣지 않기로 한다. 앞으로 밥은 당신이 알아서 해결하고 빨래도 나는 모르겠소.

06

꽃길보다 흙길

내로남불. 해보지 않을 때는 몰랐다. 이해도 되지 않았다. 왜 군이 벗고 저러는지. 산에 오를 때마다 맨발로 걷는 사람을 만나면 저절로 드는 생각이다. 작가 모임에 갔다가 책『맨발걷기』의 임문택 작가님을 만났다. 웃는 모습이 선하다. 밝은 에너지가 흐른다. 산길을 걷다 만난 소나무 같다. 말씨도 부드럽다. 첫인상이 좋아서인지 맨발걷기를 권하는 작가님의 말은 나를 움직이기에 충분했다. 다음날 등산로 입구에서 잠시 고민했다. 오른쪽은 꽃이 활짝 핀 하천 길이고 왼쪽은 황토가 많은 숲속 길이다. 일단 신발을 벗어본다. 발이 자동으로 황톳길을 선택했다. 발이 주도

적으로 내 몸을 이끌었다. 신기할 따름이다. 시원한 땅의 기운을 마치 발바닥이 빨대로 빨아올리는 것처럼 온몸에 그대로 흡수된다. 흙의 부드러운 감촉이 발바닥에 그대로 전해진다. 어라, 맨발걷기와 요가는 닮았다. 척추를 바로 세우게 되고 어깨가 펴지고 곧은 걸음걸이가 된다. 발끝에 집중하게 된다. 한 걸음 내디딜 때마다 조심스럽다. 방심하면 뾰족한 돌멩이에 정신이 번쩍 든다. 발을 떼고 내디딜 때마다 신중하게 살피게 된다. 발바닥이 가장 좋아할 만한 곳을 골라 디디게 된다. 몸 중에 가장 낮은 곳에 위치한 두 발바닥으로 온 신경이 몰린다. 오로지 발바닥에만 집중하니 자동으로 명상이 된다. 황톳길은 흙의 부드러움이 좋고 야자매트는 폭신함이 좋고 솔잎 가지들이 수북한 길은 나름 침을 맞는 지압 느낌이다. 그중 황톳길을 발바닥이 가장 좋아한다. 대지의 기운을 그대로 느낄 수 있고 두 발로 걷는 행복이 이런 것이구나 하고 느낄 수 있다.

신발을 신고 산책했을 때는 눈으로 숲을 보지만 맨발은 두 발바닥으로 숲을 보고 읽는다. 신기한 일은 예전에는 지름길인 나무계단을 올랐다면 지금 맨발은 구불구불하고 아름다운 흙길을 천천히 돌아간다는 것이다. 예전 같으면 폭신한 야자매트를 골라 걸었을 텐데 지금은 흙길만 걷는다. 한 발자국 옮길 때마다 발바닥이 가장 좋아할 만한 지점에 눈길이 가서 발을 옮긴다. 나도 모르게 발이 그렇게 움직인다. 발이 주체가 되다니 신기한 일이다. 한 걸음 한 걸음 조심스럽고 신중해진다. 나의 말도 이렇게 조심하고 신중하게 표현되어져 나온다면 좋겠다. 내가 무심코 하는 말이 누군가에게 힘이 되고 기분 좋은 따뜻한 언어들로 입 밖으로 나왔으면 좋겠다. 숲길을 절반쯤 올랐을 때 내려오는 사람들과 잠시 눈인사를 한다. 예전에 내가 바라보았던 눈길을 던진다. "왜 굳이 맨발로?"

지금 맨발인 나는 등산화를 신고 있는 사람에게 말한다. "신발을 벗어 봐요."

예전에 경험하지 못했던 축복을 지금 경험한다. 내가 경험해보지 않았다면 절대 평가하지 말지어다. 절대 이러쿵저러쿵 말하지 말지어다. 경험해 보고 몸소 걸어보고 말할지어다. 발바닥이 흙을 얼마나 좋아하는지 한번 해보고 나면 다음날은 자동으로 신발을 벗게 된다. 발바닥으로 대지의 기운을 그대로 느끼고 숲속에 낮게 떨어진 것들을 눈여겨본다. 봄 한철, 환하게 꽃피운 산 벚꽃이 진 자리에 검은 열매는 다 떨어져 이제 씨앗으로 흔적을 남긴다. 자신의 몫을 다하고 스스로 지는 자연의 탄생과 소멸을 본다. 자연의 숭고함을 배우는 시간이다.

신발을 신고 산책을 했더라면 무심코 지나갔던 것들이 맨발이라 눈이 낮은 곳으로 향한다. 소나무 뿌리가 보인다. 소나무는 뿌리는 대지에, 가지 끝은 하늘과 연결되었다. 오묘한 우주의 힘이 느껴진다. 나 또한 발은 대지에 뿌리를 내려 흔들리지 않는 중심을 잡고 의식은 우주에 닿아 선한 영향력을 나누는 일을 해야 하지 않을까 생각한다. 작은 일이라 할지라도 내 자리에서 내가 할 수 있는 몫을 하고 싶다.

한 걸음 한 걸음 신중하고 조심스럽게 옮기다가 지렁이 한 마리를 만난다. "안녕! 깜짝 놀랐지? 조심히 지나갈게." 지나오면서 지렁이는 내가 얼마나 공룡 같았을까 생각한다. 우리의 미래이자 자산인 자연을 작은 지렁이가 되살리고 회복하는 에너지임을 새삼 느낀다. 고마운 일이다. 적어도 우리는 자연을 되살리지는 못해도 더 이상의 훼손은 하지 말아야 하지 않을까. 모든 생명체의 고귀함을 인정하고 다양한 생명체와 공존하는 삶을 지향해야 되지 않을까. 작은 지렁이를 만나고 드는 생각이다. 이번엔 밤송이를 만난다. 심장이 쫄깃해지는 순간이다. 지난 가을엔 알밤으로 기쁨을 주다가 지금은 밤송이로 심장을 쫄깃하게 했다가 너란 밤송이 까칠하지만 매력 있다.

내 몸의 가장 낮은 맨발과 지구의 맨몸인 대지의 만남. 흙, 돌멩이, 솔가지, 열매, 씨앗 등 모든 것이 발바닥을 지압하는 마사지 도구가 된다. 그늘이 있는 길은 흙이 밀가루 반죽처럼 쫄깃쫄

깃 찰지고 시원하다. 햇볕이 드는 길은 흙이 뽀송뽀송하고 따뜻하다. 두 길을 번갈아 그 느낌을 반복해서 느껴본다. 발바닥이 엄청 좋아한다. 맨발에 집중하기 때문에 새소리, 바람소리, 다람쥐들의 나무 타는 소리가 더 크고 선명하게 들린다. 맨발과 지구의 맨살이 만나는 귀한 시간이다. 우주만물과 교감하고 생명의 소리에 귀 기울인 시간이다. 오월의 푸르른 숲길에서 두 발로 걸을 수 있는 축복이 그저 고마울 따름이다. 남이 할 때는 이해되지 않다가 내가 해보니까 알겠다. 로맨스 중에 최고의 로맨스가 맨발걷기다. 나 자신을 지극히 사랑하고 자연과 하나 되는 맨발걷기는 요가와 많이 닮았다.

인생에서 꽃길만 걷는다면 재미없을지도 모른다. 오히려 새로운 생명을 만나고, 때로는 오르막길에 숨을 헐떡이기도 하고, 때로는 이름 모를 풀꽃과 인사하고, 때로는 간간이 불어오는 한줄기 바람에도 고마워할 줄 아는 구불구불한 길이 아름답고 재미있다. 매일 맨발걷기를 할 때 평탄한 꽃길보다 구불구불한 흙길을 선택한다. 이 길이 나를 겸손하게 이끌어 주기 때문이다.

〈요가와 맨발걷기의 닮은 점〉

방심하면 삑사리 난다.

지금 여기에 집중한다.

나를 만난다.

자동으로 명상이 된다.

자세가 교정된다.

비뚤어진 마음도 교정된다.

친절과 사랑이 온다.

즐거운 놀이다.

멋진 실패

멋진 파티를 열었다. 근사한 요리와 클래식 선율이 흐르는 파티가 아니라 요가 수련에서 파티는 요가를 하는 것이다. 중급과정이 지나자 점점 요가의 매력에 빠져들고 있었다. 아니, 또라이(요가에 미친 사람) 대열에 합류했다. 중급과정을 수료하려면 반드시 통과해야 하는 관문이 있다. 요가 스승님이 계획한 과정으로 다른 요가원은 그렇게 하는 곳이 없었다. 그러니 어찌 미친 짓이라하지 않을 수 있을까. 솔직하게 고백하건데 수강자들끼리 뒤에서 또라이 스승이라고 불렀다. 요가원에서 하는 것이 아니라 운동장에서 한다. 사람들이 많으면 많을수록 좋다. 매일 보는 스승님과 동료들만 있는 것이 아니라 전혀 모르는 사람들 앞에서 한다. 처음 경험하는 것이라 설레서 잠이 오지 않았다. 아무리 잠을 청해도 심장이 빠르게 뛰고 쿵쾅거려서 진정이 되지 않는다. 지금은 매트만 있어도 요가를 떠올리지만 20년 전에는 요가가 대중화되지 않았기 때문에 생소하게 보는 사람이 많았다. 스승님은 요가를 널리 알리고 전달하려 노력했다. 본인이 경험한 좋은 것을 많은 사람들도 경험했으면 했다. 이렇게 좋은 것을 혼자하기엔 보물을 땅 속에 숨겨둔 것이나 마찬가지라 했다. 일단 스승님의 요가파티 제안은 생소하면서도 재미있는 경험이라 흔쾌히 해보기로 했다.

근처 대학교 운동장으로 갔다. 각자의 매트를 들고 무슨 국가대표로 출전하는 선수처럼 긴장되는 순간이다. 요트선수가 요트를 옆에 끼고 있는 것처럼 우리는 매트를 옆에 끼고 출전했다. 운동장엔 축구를 하는 대학생들과 운동장을 뛰는 사람, 배드민턴 하는 사람, 족구를 하는 그룹, 삼삼오오 모여서 막걸리 잔을 기울이는 사람들, 남편과 딸, 아들도 운동장에 왔다. 어림잡아 36여 명의 사람들이 있었다. 원장님이 노린 대로 환경이 갖춰졌다. 신발을 벗고 5명의 동료들은 각자의 매트를 펼치고 몸을 세웠다. 원장님의 구령과 안내에 따라 자세를 하나씩 시작했다.

"누가 보든 말든, 누가 무슨 말을 하든지 내 몸에 집중하십시오."

스승님은 정적 속에서 요가 자세를 하는 것처럼 보였다. 흔들림 없이, 꿈쩍도 하지 않는 커다란 나무 같다. 반면 나는 지나가는 모든 사람들의 말이 들리고 의식했으며 몸을 뻗고 늘리고 구부리는 동작을 조금 더 보여주기 위한 자세를 했다. 지나가는 사람들이 "와! 저런 운동도 있었나! 나도 해보고 싶다." 등 수많은 사람의 소리에 휘둘리기 시작했다. 의식이 안으로 집중은커녕 바깥으로 향했다. 요가 수련을 하는 이유는 내 몸에, 내 안에 집중하는 것인데 내 의식은 자꾸 바깥으로 향했다. 이미 마음속엔 걷잡을 수 없는 욕구가 꿈틀거리기 시작했다.

멋진 자세를 보이고 싶은 욕심.
'대단하다'라는 말을 듣고 싶은 욕심.

스승님은 외부환경을 아무렇지 않게 흘려보내고 요가원에서 하는 것처럼 평온하고 깊은 자세를 했다. 전혀 흔들리지 않는다. 어쩜 저럴 수 있는지, 사람이 맞긴 한 건지. 스승님의 자세에서 내면의 깊은 중심과 밝음과 평온이 합쳐진 어떤 빛이 나왔다. 고

수의 진면목은 깊이에서 나온다고 했던가. 오랫동안 수련한 내공이 그대로 나왔다. 스승의 자세는 깊게 뿌리 내린 나무였다면 나는 아직 뿌리를 단단하게 내리지 못한, 비나 바람만 불어도 넘어지고 말 힘없는 어린 묘목에 불과했다.

"속도보다 깊은 아사나를 하십시오."

빨리 기술을 익혀서 어려운 요가 자세를 많이 하고 싶은 마음을 들켜버렸다. 누군가에게 보여주기 위한 자세를 했던 것이다. 스승님은 외부환경에도 흔들리지 않는 깊은 수련으로 인도하기 위해 이 장소를 택했던 것이다. 초보 수련자들이 가장 쉽게 빠지고 저지르게 되는 오류 속에 우리를 던져 넣고 시험했던 것이다. 스승님의 의도를 전혀 파악하지 못했고 단지 요가를 홍보하기 위한 행위라고만 생각했다. 나의 짧은 생각이 부끄러워진다.

"멋진 자세나 기술만 구사하는 것은 요가가 아니다. 그건 몸뚱어리만 움직이는 것이다"

요가원에서 평안하게 나에게 집중하던 때와는 전혀 다른 경험이었다. 시작부터 설렘과 흥분으로 시작하였고 마무리도 나에게 집중하지 못한 완전한 실패다. 요가는 몸과 마음이 일치해야 하는데 전혀 그러질 못했다. 몸뚱어리만 움직였던 것이다. 겉모습이 화려하고 그럴싸한 겉멋만 잔뜩 들어있는 경박한 요가를 했던 것이다. 몸, 마음, 호흡이 하나가 되지 않는다면 요가에서 말하는 수련이 아니다. 완벽하게 무너졌다. 아직도 나는 한참 멀었다. 이 실패의 경험은 왜 나에게 왔을까? 속도보다 깊은 자세를 수련하라는 교훈을 주기 위함이었다. 외부 사람들에게 인정받고 싶어서 빨리 배우고 빨리 근사해지고 싶어서, 요가를 하는 진정한 이유를 잊고 있었다. 쉽게, 빨리, 속도에 쏠리다 보면 깊이를 간과하기 마련이다. 고작 중급과정을 마쳤는데 대단한 요가 전문가가 된 것처럼 힘이 잔뜩 들어간 나를 본다. 어깨에 힘 들어간 사람과는 상종도 하지 말자고 그렇게 생각했건만, 내가 그 꼴이라니 머리를 쥐어박아본다. 오만가지가 넘는 요가 자세에서 깊은 자세의 수련은 멀고도 먼 여정일 것이다. 평생 배워야 할 것이다. 하루아침에 얻어지는 것이 아니라서 더디지만 제대로 배우는 것 또한 즐거움이 아닌가. 멋진 자세보다 깊어지는 자세를 선택해본다. 어제보다 깊어지는 자세에 집중해본다.

08

스승님과 결별

요가에 입문한지 1년이 되었을 무렵이다. 하루라도 요가를 하지 않으면 견딜 수 없는 중독에 걸렸다. 스승님은 1년 과정을 하는 내내 용기와 독설과 때로는 회초리 같은 일침을 마다하지 않았다. 수련 중에는 인정사정없다가도 차를 나눌 때는 인정이 넘쳤다. 몸을 늘리고 비틀고 고꾸라지고 방심하면 사정없이 떨어지고 마는 너무나 인간적인 요가에 나도 몰래 빠져버렸다. 왜냐하면 어느 날 어깨 통증이 없어지고 우울증이 감쪽같이 사라졌기 때문이다. 틀어진 골반도 교정되고 덤으로 체중도 8kg이나 줄었다. 나를 쩔쩔매게 하는 이것, 잡생각이 전혀 들어올 틈을 주지 않는 요가는 우울증이 심했던 내게 만병통치약이었다. 기쁨과 감사로 가득 찼고 통증 없는 건강한 몸과 평온함을 선물로 받았기 때문이다. 이렇듯 요가는 여러 형태로 나에게 도움을 주었고 그 매력에 나도 몰래 빠졌다. 그러니 점점 요가에 중독될 수밖에. 요가에 미친 스승님은 요가사랑이 남달랐다. 기승전결 모두 요가에 관련된 말만 했다. 인도에서 요가를 배운 스토리와 그 곳에서 거지같은 생활을 한 것을 가장 잘한 일로 손꼽기도 했다. 가족을 떠나 혼자 맨몸으로 인도라는 나라에서 요가 수련을 할 때가 가장 행복했다나 뭐래나. 엄청 부럽다. 나도 인도에 가보고 싶다. 혼자 훌쩍 혹은 요가에 미친 동료 한 명과 함께여도 좋겠다. 더도 말고 덜도 말고 인도에서 한 달 동안 요가 하기는 버킷리스트에 추가로 기록되었다.

요가의 시작은 내 몸 하나만 건사하면 되겠지 하고 시작했는데 이제는 누군가의 몸에도 영향력을 미치는 사람으로 거듭나려는 스승님의 뜻을 받아들이기로 했다. 그렇게 해서 이론, 수련, 강의 교수법 등을 겸비한 지도자과정까지 마쳤다. 요가는 사람의 몸을 다루는 일이라 나를 위해서 다른 사람을 위해서 꾸준히 배워야 하고 끊임없이 공부해야 하는 자체가 수련이다.

점점 우리끼리 수련하는 날이 많아졌다. 중도에 포기한 한 사람을 제외한 5명이 매일 요가원에서 차를 마시고 수련했다.

수련은 말마따나 혼자서 묵묵히 체득해야만 하는 것이라 스승님이 일부러 요가원에 나오지 않는 이것도 하나의 교육 방법인가보다 했다. 누군가에게 요가를 지도하려면 직접 지도자 역할을 해봐야 늘기 때문에 굳이 스승님이 요가원에 없어도 그럭저럭 메꾸면서 했다. 새로 들어온 회원들에게 요가 자세를 지도하고 청소며 기타 뒷정리도 도맡아 했다. 스승 없는 제자들은 각자 맡은 바 조용히 뭔가를 했다. 누가 먼저랄 것도 없이 먼저 오는 사람이 창문을 열어 환기를 시키고 실내온도를 맞추고 차를 정성껏 대접하고 신입 회원에게 지도했다. 누가 시키지 않아도 그동안 체득한 스승님의 흉내를 자연스럽게 따라 하면서 수업을 이어 나갔다. 누군가를 지도한다는 것은 혼자만의 수련과는 또 달랐고 더 많이 공부하고 더 많이 알아야만 가능했다. 그러는 과정에서 성장한 사람은 오히려 나 자신이었다. 그렇게 3주가 지났을 때 충격적인 소식을 들었다. 스승님이 위암투병 중이라는 소식이었다.

이 무슨 운명의 장난이란 말인가. 요가 하는 사람이 많아졌으면 좋겠다고 언제나 침이 마르도록 칭찬해온 그가 아니었던가. 요가 전도사가 되어 지금껏 여기까지 걸어왔는데, 이게 무슨 소린가 싶었다. 1년 동안 수련을 하면서 흘렸던 눈물과 땀이 한꺼

번에 스쳐 지나갔다. 처음 요가원에 왔을 때 실컷 울었던 것도, 난생 처음 외간남자에게 발목 잡혀서 얼떨결에 요가를 시작하게 된 것도, 어깨 통증으로 눈물과 콧물이 범벅되어 비명을 질렀던 일도, 명상을 할 때 침을 흘리며 잠들었던 것도 엊그제같이 생생하게 살아났다. 가만히 있어도 평온함, 밝음, 강한 에너지가 나오는 스승님이 어쩌면 내 인생에 구세주가 아니었나 싶다. 어둡고 아프고 힘들어 죽을 것 같을 때, 끝도 모를 우울한 수렁에서 나를 이만큼 이끌어냈던 사람이 바로 스승님이다. 숨이 제대로 쉬어지지 않았던 지옥에서 숨통을 트이게 해준 사람도 스승님이다. 중요한 건 요가도 아니고 역시 사람이다. 이런 귀한 스승을 만났다는 자체가 내겐 큰 축복이었다. 스승님은 생소했던 요가를 한국에 알리고 대중화에 힘썼으며 요가 지도자를 10년 동안 키워내고 생을 마감했다. 자신의 소명을 즐겁게 했으니, 잘 놀다 간다고 더 이상 원이 없다고 했다. 생겨나고 죽고 스며드는 과정을 흐르는 강물처럼 바라보라고 했다. 수많은 시간을 함께한 사람 중에 먼저 세상을 떠나면, 죽음 앞에서 아무것도 할 수 없는 남아있는 사람은 그저 강물 바라보듯 되지 않는다. 추억이 많을수록 더욱더.

스승님의 빈자리는 컸다. 돌아가면서 5명이 요가원에 신입회원을 지도한 지 3개월 만에 문을 닫았다. 새로운 회원들이 3개월 과정으로 수련을 했기 때문에 그 과정이 끝날 때까지 겨우 마무리했다. 요가원이 없어지는 것이 안타깝지만 각자 밥벌이가 있었고 요가원에 전적으로 매달릴 수 있는 사람이 없었다. 당시에 지금처럼 요가 하는 사람이 많았다면 상황은 달라졌을 것이다. 누군가 인수해서 꾸렸을 것이다. 그러나 그 당시엔 요가를 많은 사람이 잘 몰랐고 수강생들이 많지 않아서 당연히 먹고 사는 일에 지장을 줬다. 지금 생각해보면 그 당시 수강생 5명으로 요가원에 임대료도 맞추기 어려웠을 것이다. 그럼에도 스승님은 요가를 알리고 지도자를 키워내는 것을 소명으로 여겼다. 돈벌이가 되지 않아도 상관없이 요가를 우리나라에 뿌리내리게 한 훌륭한 분이시다. 그래서 더 존경하는 마음이 크다.

예전보다 빠르게 변하는 사회구조가 사람들을 지치게 하고 스트레스로 고통 받는 사람들이 많아졌다. 성장이나 자기계발에 몸을 혹사하고 속도에 몸을 던지는 사람들이 많아졌다. 그러다 보니 지금은 신체적 건강과 정신적 건강에 그만인 요가가 그 어느 운동보다 대세가 되었다. 스승님은 오늘날 요가가 이렇게 각광받을 줄 알고 계셨을까. 하긴 그런 것은 스승님에게 하등 상관없는 것이었는지도 모르겠다. 그분의 인품으로 볼 때 돈벌이보다 사람의 몸을, 건강하고 행복한 삶을 추구하는데 온 마음을 나누는 분이었기 때문이다. 가끔씩 스승님의 말투가 불쑥 튀어나올 때도 있다. 그 이유는 나도 모르게 스승님에게 스며들었기 때문이다. 누군가의 삶에 스며드는 일, 당신이 소중하다고 생각한 요가가 다른 사람들이 소중하게 계속 이어가는 일, 타인을 돕는 데 생을 다 바치는 일, 아무나 할 수 없는 일, 물질의 만족에 머물지 않고 요가의 가치를 알고부터 영원한 행복 추구를 실천하고 근본으로 돌아간 스승님. 적게 먹고 불필요한 것을 소유하지 않는 단순한 삶을 노래한 스승님, 탄생과 죽음을 열린 마음으로 바라보라는 스승님. 때로는 선택하지 않아도 받아들이는 자세도 필요하다는 스승님. 스승님의 깊은 요가 자세뿐만 아니라 인품과 결을 배우고 싶다. 스승의 달인 5월엔 더욱더 그립다.

행복에 대하여

요가로 몸도 건강해졌고 우울증도 말끔히 사라졌다. 이렇게 축복받은 것을 이제는 나누고 싶다. 먼저 가까운 곳부터 시작해 보기로 했다. 요가로 봉사활동을 하면 어떤 기관에서 하면 좋을 지, 일시적으로 하는 것이 아니라 장기적으로 꾸준히 할 수 있는 곳을 찾았다. 다행히도 예전에 사회복지 공부를 할 때 인연이 닿은 요양시설에서 연락이 왔다. 주간보호를 받고 있는 어르신들에게 요일별로 다양한 프로그램으로 치매예방과 새로운 환경을 제공하고자 센터장이 많이 노력하는 중이었다. 그렇게 인연이 되어 7년째 요가 봉사를 하고 있다. 말이 요가 봉사지 1시간 동안 어르신들과 놀다 오는 수준이다.

"오늘부터 요가를 합니다. 물구나무서기 같은 동작은 없습니다. 목, 어깨, 팔, 다리를 스트레칭하고 치매예방에 초점을 맞추어 수업을 할 겁니다. 즐겁게 1시간 동안 제가 놀다 가도 좋다면 박수로 환영해 주십시오."

처음 요가 봉사 간 날을 잊을 수 없다. 센터 안에는 할머니 일곱 명, 할아버지 네 명이 소파에 앉아 계셨다. 각자 살아온 환경과 경험이 달랐고 각자의 고집과 개별성이 얼굴에 그대로 나타났다. 어르신들은 나를 정말 딸처럼 대해 주셨다. 간단한 스트레칭으로 몸을 풀고 손뼉 치기, 발끝치기, 고관절 운동을 순서대로 잘 따라했다. 거기까진 좋았다. 앉아서 하는 동작이 끝나고 서서 하는 동작에 들어갔다. 동그랗게 어깨동무를 한 상태에서 서로 버팀목이 되어 한 발로 균형 잡기를 하는데 할머니 한 분이 말했다.

"나는 몬한다. 오줌이 나와서."

어찌나 솔직하게 스스럼없이 말씀하시는지 다들 웃음보가 터졌다. 다른 어르신들도 같은 생각이라 누가 먼저 말해준 것에 대해 속이 시원하다고 했다. 그렇게 하다 보니 서서 하는 동작은 생략하고 앉아서 하거나 누워서 하는 동작 위주로 수업을 진행했다. 실제로 어르신들은 다리 근력이 많이 부족했고 다칠 수도 있는 상황이라 맞춤 수업을 하는 게 옳다고 판단했다. 실습은 항상 내가 생각했던 것과 다르게 흘러가기 마련이다. 그때 상황에 맞게 변화를 주는 것도 어쩌면 나를 훈련하는 과정이리라. 한 시간 내내 빛나는 눈동자, 열심히 따라하는 몸짓, 잘 안 될 때는 큰소리로 "나는 몬한다."로 의사표현을 하신다. 요양 시설이라 평균연령이 83세다. 때로는 어머니처럼, 때로는 정신줄을 놓을 때도, 때로는 어린 아이로 돌아가는 어르신들의 모습은 미래의 내 모습이다. 요가 봉사를 하면서 지금 내가 어떤 언어를 사용해야 하는지 깨닫는 시간이다. 그동안 사용해온 언어들이 현재 어르신들의 인품을 나타냈다. 고마움과 감사를 잘 표현하고 긍정적인 언어를 사용하는 어르신들은 하나같이 인상이 온화하고 좋았다. 늘 부정적이고 화를 잘 내는 어르신들은 인상이 무섭게 변해 있었다. 적어도 내 얼굴 표정은 내가 책임져야 한다. 온화한 얼굴까지는 아니어도 무서운 얼굴은 만들지 말아야지. 영혼이 나오는 통로가 얼굴이지 않은가. 이 또한 마음을 곱게 써야 한다는 걸 배우는 시간이다. 내가 요가 봉사를 하는 것은 시간이 남아서도 아니고 마음이 착해서도 아니다. 단 하나, 지금 내가 기쁘고 행복하기 때문이다.

내가 가장 행복할 때는 크게 세 가지로 요약된다.

첫째, 맛난 음식을 먹을 때 나는 더없이 행복하다. 어쩔 수 없는 먹보다. 아침에 일어나 첫 끼는 사과나 견과류를 먹은 다음 밥을 먹는다. 봄에는 딸기를, 여름에는 복숭아를 실컷 먹는다. 다양한 복숭아 중에 천도복숭아를 좋아한다. 얼마나 맛있으면 하늘도 감탄했다고 이름이 천도일까. 다른 복숭아에 비해 천도복숭아는 껍질에 솜털이 없고 매끈해서 좋다. 껍질을 깎지 않은 채 한입 베어 먹으면 더없이 행복하다. 또 내가 좋아하는 과일은 입추가 지나면 고향에서 배가 나온다. 당도와 과즙이 풍부해서 다른 지역의 배보다 훨씬 맛있지만 복숭아를 먹을 때와는 다른 아릿한 맛이 난다. 하동 배에는 나의 유년시절이, 고향의 모습이 담겨있기 때문이다. 하동 배를 보면 키 크고 잘생긴, 멀리서도 한눈에 보이는 아버지가 생각난다. 내가 가장 기다리는 순간은 해질 무렵, 아버지가 배 과수원 일을 마치고 검게 그을린 얼굴로 집으로 들어오는 순간이다. 나는 매일같이 오늘은 아버지 손에 무엇이 들려있는지 궁금했다. 하루는 지푸라기에 검은 게가 주렁주렁 달려 나왔다. 그날 저녁은 어머니가 참게를 넣고 밀가루를 풀어 가루장국을 끓여주셨다. 일곱 식구가 다 먹으려면 양을 늘려야하기 때문에 어머니가 생각해낸 게 밀가루를 추가하는 것이었다. 온 가족이 푸짐하게 먹었던 그 맛을 기억한 언니는 어머니가 돌아가시자 밀가루 대신 여러 가지 곡물가루를 추가해서 참게가리장국을 만들었다. 전국에서 하동으로 참게가리장국을 먹으러 왔고 영양가도 많고 소화도 잘 되는 음식이라 남녀노소 좋아하는 음식으로 소문이 났다. 아름다운 하동에 가시거든 배 과수원 한복판에 있는 섬진강횟집에 들러 보시라. 원조 참게가리장국에 반할 것이다. 아버지 손에는 다양한 먹거리가 나왔다. 하루는 은빛 전어가 가득한 양동이가, 어떤 날은 갈치가 나왔고 어떤 날은 돼지고기가 누런 종이에 핏물이 고인 채 나오기도 했다. 아버지는 힘들게 농사지은 배를 팔아서 우리가족의 먹거리를 사왔다. 아버지는 우리 가족에게 한 번도 사랑한다는 말을 하지 않았지만 이보다 더 생생하게 말할 수는 없을 것이다. 배를 먹으면 아버지의 목소리가 생생하게 들려온다. "밥은 묵었냐.", "해지기 전에 가라." 나는 이 말이 사랑한다는 말보다 더 깊다고 생각한다.

둘째, 요가와 맨발산책을 할 때는 온몸으로 즐긴다. 몸과 마음을 충전하는 시간이다. 나를 만나고 토닥이는 시간이다. 내가 좋아하는 시를 낭송하는 시간이다. 하루 중 가장 밝고 가볍고 평안한 시간이다. 성냄도 욕심도 내려놓는 시간이다. 매트에 꽂혀서 거꾸로 세상을 보는 재미가 있다. 오롯이 지금, 여기에 집중한다. 살면서 절대 놓치고 싶지 않은 즐거운 놀이이자 나와

친하게 지내는 방법이다. 나를 사랑하고 삶을 단순하게 살아가게끔 나를 이끈다.

셋째, 좋은 글을 읽을 때 행복하다. 간결하게 잘 쓴 글을 만나면 행복하고 당최 멈출 수가 없다. 계속 읽고 싶게 만든다. 박경리의 『토지』를 읽으며 문학소녀의 꿈을 키웠고, 김훈의 책을 모조리 읽으면서 나도 이런 글을 쓰고 싶다고 생각했다. 넘치거나 부족하지 않게 담백한 글을 쓰고 싶다. 칼 세이건의 『코스모스』를 읽으면서 작가의 아름다운 문장과 지혜, 지구를 사랑하는 마음에 눈물이 났다. 책 읽는 즐거움에 빠지다 보니 내 이름이 박힌 책도 쓰게 되었다. 초보 작가라 많이 부족하고 배우는 중이다. 음식은 육체를, 책은 영혼을 살찌운다. 나는 영혼이 푸짐해지고 싶다. 괴테는 말했다. "우리가 사랑하는 것들이 우리를 만들고 다듬는다."

〈요가후기〉

열심히 일한 당신, 오늘은 박쥐 자세로 다리의 부종을 풀어볼까요. 이 자세는 다리를 넓게 벌린 동작이 마치 날개를 편 박쥐를 연상케 해서 이름 붙여졌어요. 고관절, 무릎관절을 유연하게 하고 하체근육 이완에 그만이지요. 여성은 생리통 완화에, 남성은 전립선에 특히 좋은 자세예요. 가랑이가 찢어지는 아픔이 느껴진다면 내가 살아있다는 증거입니다. 기꺼이 즐기지 않을 수 없죠. 처음부터 잘 되지 않아도 매일 조금씩 하다 보면 어느 날 상체가 바닥에 닿는 날이 와요. 왜냐하면 요가는 정직하거든요. 요가가 나를 조금씩 발전으로 이끄는 문이라는 생각이 들어요. 그럼 호흡을 가다듬고 같이 해볼까요.

요가 TIP

등을 구부리면 골반이 뒤로 빠져 골반을 열어내는 효과가 없어진다. 다리의 각도는 중요하지 않다. 남들이 160도 벌어진다고 해서 따라 하다가는 가랑이가 찢어진다. 다리를 많이 벌리고 등이 굽는 것보다 다리를 조금 벌리더라도 등과 허리가 곧게 펴져 있는 것이 중요하다. 발끝은 90도를 유지해야 허벅지 근력을 강화시킬 수 있다. 〈사진 참조〉

1. 매트에 두발 모아서 앞으로 쭉 뻗어 앉는다.
2. 다리를 하나씩 옆으로 벌려 두 다리 사이의 간격을 넓힐 수 있는 만큼 넓힌다.
3. 두 다리를 쭉 뻗고 다리의 뒷면 전체가 매트에 닿았는지 살핀다.
4. 발가락 끝을 90도 직각으로 만든다.

5. 등이 구부러지지 않게 척추를 곧게 세우고 깊은 호흡으로 자세를 유지한다.

6. 다리를 좀 더 벌려 숨을 마시고 내쉬면서 상체를 앞으로 굽힌다.

7. 아랫배, 가슴, 턱 순으로 바닥에 대고 두 팔은 앞으로 나란히. (30초 이상 유지)

8. 여유가 있다면 엄지발가락을 잡고 호흡하면서 배, 가슴, 이마 순으로 바닥에 댄다. (박쥐 자세 고급)

사진 12. 박쥐 자세

10

버려야 할 것들

나에게 묻는다

지금까지 해오던 것을 하지 않는 것

지금까지 곁에 있었던 것과 헤어지는 것

그 대상이 물건이건 사람이건 상관없이

만나거나 애정을 쏟았던 것들을

주저 없이 놓을 수 있는가

다행인 것은 복잡하거나 계산하거나 두 가지 일을 한방에 하지 못하는 나는 어쩔 수 없이 단순한 방법을 선호한다. 그동안 제대로 나를 돌보지 않았다. 빨리 달렸고 업무에 쉴 틈도 없이 육아와 가사를 병행하며 일만 했다. 왕성한 식욕으로 많이 먹었고 운동은 하지 않았다. 과거에 해오던 익숙했던 것들로 지금 내 모습이 만들어졌다. 몸과 마음이 아프고 병들었다. 나는 지금 무엇을 받아들이고 무엇을 버려야 하는가? 과거와 다른 결과를 얻기 위해서 예전과 다른 행동이 필요하다. 매트 위에 몸을 세우고 깊은 호흡으로 나를 본다. 여러 곳에 쏠리는 에너지를 줄이기로 했다. 이제는 몸을 소중히 보살피고 과식보다는 소식을 하고 매일 요가를 해야지 다짐한다. 그것은 요가에 몰입하기 위한 나만의 방법으로 건강을 되찾고 고요한 마음을 지킨다는 나와의 약속을 실행하기 위함이다. 뭔가를 선택했다면 다른 뭔가를 버려야 한다는 것이다. 요가를 방해하는 것들을 떠나보내기로 했다. 요가가 몸에 익숙해질 때까지 버려야 할 것은 다음과 같다.

첫 번째로 버려야 할 것이 과식이다. 적게 먹는 것이 내게는 가장 힘들다. 생선회를 좋아해서 일식집에 가면 손도 입도 바쁘다. 진공청소기 수준으로 흡입한다. 제대로 씹지 않고 대충 입 안에 넣고 서너 번 오물거리면 자동으로 넘어간다. 접시에 눈을 고정하고 젓가락이 빛의 속도를 낸다. 먹을 때만 아니라 글을 쓸 때도 빛의 속도로 써지면 좋으련만. 해산물은 전복, 멍게, 해삼, 미역까지 다 맛있다. 몸에서는 "배불러, 이제 그만." 하고 말하는데 머릿속에서는 "아니야, 계속 먹어도 돼." 하고 말한다. 젓가락을 놓기엔 너무 맛있다는 거. 입 안에서 살살 녹는다는 거. 결국은 접시 바닥이 보이고 나서야 젓가락을 놓는다. 이렇게 배가 부르면 소화도 잘 되지 않을뿐더러 요가를 할 때 동작이 굼뜨고 움직이는데 방해를 받게 된다. 오늘도 적게 먹어야지 하면서 저녁 모임에 갔다가 배가 남산만 해서 돌아왔다. 이런 젠장, 머리를 쥐어박는다.

두 번째로 버려야 할 것이 육식이다. 나는 요가에 입문하고 몰입하기 위해 고기를 끊은 적이 있다. 몸이 가벼운 상태에서 자세를 잡기도 쉽고 몸이 유연해지기 때문이다. 처음부터 고기를 끊는 것은 그렇게 어렵지 않았다. 단지 괴로운 것은 남편과 아이들은 매일 고기를 먹어야 했는데 요리하는 과정에서 간을 맞추고 맛을 보다 보니 전혀 먹지 않을 수는 없었다. 한참 요가에 미쳐있을 때는 2년 정도 끊었다. 스승님처럼 요가를 잘하고 싶고 몰입하기 위해서 그랬다. 그래서인지 그때가 몸 교정을 가장 많이 했고 몰입도가 높았다. 전혀 고기를 먹지 않는 것은 그것도 오랜 시간동안은 힘들었다. 결국은 가족들과 같이 먹는 즐거움이 승리했다. 끊었다 다시 시작하는 것은 언제나 매력적이다. 고기 굽는 냄새가 그렇고 자르르 흐르는 육즙이 그렇다.

세 번째로 버려야 할 것이 얕은 호흡이다. 의식적으로 깊은 호흡으로 바꿔야 한다. 천천히 깊은 호흡에 집중하면 이상하게 굽어 있던 등도 펴진다. 어깨에 힘이 빠지고 가벼워진다. 의외로 긴장한 상태로 오래 있었음을 감지했다면 깊이 숨을 들이마시고 내쉬는 호흡에 집중해 본다. 마음의 긴장이 풀어지고 몸의 근육도 이완된다. 호흡 하나로도 충분히 에너지를 회복하고 나를 보살피게 된다. 온갖 조바심이 없어지고 불필요한 에너지를 소비하지 않는다. 호흡이야말로 요가 수련에서 팔 할을 차지하고 가장 중요한 덕목으로 꼽힌다. 몸의 변화와 기운의 흐름을 호흡을 통해 읽게 된다. 호흡과 요가 자세의 관계를 살펴보면 호흡과 요가 자세가 일치할수록 수련을 깊고 우아하게 이끈다. 그래서 어떤 수련자는 요가에서 가장 중요하고 가장 먼저 해야 할 일이 호흡을 알아차리는 것이라 말한다.

네 번째로 과도한 수다와 육체적인 혹사는 하지 말아야 한다. 많은 말보다 몸으로 대화하는 것이 더 깊은 요가로 이끈다. 몸이 어떤 반응을 하는지, 마음이 어떤 말을 걸어오는지 가만히

귀 기울여 보라. 묵묵히 매트 위에 몸을 세우는 자체가 수련이
다. 요가를 우선순위에 두고 모임 세 군데를 정리했다. 수다를
떨다가 집으로 돌아오면 허전하고 불필요한 모임은 이제 그만하
기로 했다. 모임은 정리하고 요가와 산책에 비중을 두었다. 또
다른 한 가지는 일하는 시간을 4시간 줄였다. 우울증이 심해서
일하기도 싫고 왜 이렇게까지 죽을 둥 일을 해야 하는지 모르겠
고 살기 위해 일을 줄였다. 이제는 우선순위가 요가로 몸과 마
음을 보살피는 것에 집중한다. 내 경험에 따르면 바라보고 알아
차리고 조금씩 교정하는 과정에서 많은 변화가 생겼다. 거북목
이 교정되고 어깨 통증이 사라졌고 우울증도 말끔히 없어졌다.
모난 성격이 조금 다듬어졌고 말투도 부드러워졌고 무엇보다 얼
굴에 미소가 많아졌다. 사업장엔 많은 고객들이 찾아왔다. 좋은
사람들이 주변에 점점 늘어났고 그 영향으로 나도 덩달아 조금
씩 성장했다. 그러니 요가가 밥맛없는 나를 사람으로 만들었다
해도 과언이 아니다.

매일 요가를 해보면 안다.
매일이 새롭고 기쁨이라는 걸.
빠름에서 느림으로, 얕은 숨에서 깊고 편안한 숨으로
바쁜 일상에서 기분 좋은 틈이라는 걸.

Part. 4

삶이 힘든
그대에게
요가를

01

매트 한 장이면 준비 끝

집에서 운동을 해본 홈트족이라면 누구나 매트 한 장쯤은 가지고 있다. 홈 트레이닝의 준말인 홈트 중에 특히 요가는 좁은 공간에서 가능한 운동이고 매트 한 장이면 준비 끝이다. 매트는 중요한 의무가 있다. 수련 중에 체중을 싣고 버티고 중심을 잡는 동작들에 그만큼 충격을 완충해야 하는 의무가 있다. 내 몸이 고꾸라져도 아프지 않게 받아주는 친구다. 매트 한 장이면 언제 어디서나 나는 한 송이 꽃이 된다. 비가 오는 날도 햇볕이 쨍쨍한 날도 그 어떤 날에도 매트 한 장이면 몸이 꽃처럼 피어난다. 나는 값비싼 보석도 필요 없고 명품가방이 없어도 행복하다. 매트 한 장이면 기쁨이 가득해지고 평온하고 넉넉해지기 때문이다. 이 단순함이 나는 좋다.

나는 요가를 할 때 옷에 신경 쓰지 않는다. 복장은 내가 가장 편한 것으로 입는다. 그 대신 나는 매트를 더 중요하게 생각한다. 이왕이면 매트를 살 때 조금 비싸고 탄탄한 것으로 구입하는 것이 좋다. 맨 처음 요가매트를 푹신한 중국제로 샀다가 얼마 못 가서 후회했다. 1년쯤 사용했을 때 기분 나쁜 냄새가 올라오기 시작했다. 그 당시엔 20년 동안이나 요가를 할 줄 몰랐다. 대충 몇 개월 정도 하다가 그만두면 버려도 아깝지 않은 저렴한 선에서 손에 잡히는 대로 샀다. 요상한 냄새는 햇볕에 말려도 소용없었다. 1년 정도 쓰고 나서 고약한 냄새의 매트와 이별했다. 친구는 "1년 정도 썼으면 본전은 뽑고도 남았네." 한다. "아, 그랬구나! 매트가 떨어질 때까지 쓰려고 했지." 내가 한 말이다. 무조건 아끼자는 말이 아니다. 제대로 된 것을 구입해서, 가능한 오래 사용하기를 바란다. 왜냐하면 내가 하나를 덜 버리는 것도 환경 보호에 일조하는 것이기 때문이다.

요가매트를 구입할 때 가장 눈여겨보는 것은 소재다. 소재는 친환경 소재가 가장 좋다. PTE 소재는 천연고무라 다른 소재보다 가격이 비싼 편이다. 한 번 사면 오래 쓰니까 사용기간을 봤을 때 오히려 경제적이다. 이왕이면 처음에 조금 비용이 높더라도 친환경 소재를 사는 것을 추천한다. 땀 흡수를 방지하는 고급소재는 시간이 지날수록 그만한 대가를 지불한다. 수련 중 땀이 나면 매트 위에 흘러도 쓱 닦고 나면 그만이다. 고약한 냄새와 땀이 매트에 스며들지 않는다. 또한 미끄러짐이 없고 탄탄하기 때문에 그만큼 안전하게 내 몸을 맡길 수 있다. 내 몸을 맡긴다는 것은 무조건적인 신뢰가 있어야 가능하다. 어찌 보면 내 몸을 믿고 매트를 믿는 것에서 요가는 시작된다.

매트 크기는 이왕이면 좀 큰 사이즈가 좋다. 매트 한 장이면 아들도 딸도 남편도 할 수 있기 때문이다. 온 가족이 함께 사용할 수 있으니 이 또한 얼마나 경제적인가. 롤러스케이트를 탈 때는 가족 수만큼 신발 사이즈가 달라서 모두 구입했다. 안전모도 가족 수만큼 샀다. 무릎 보호대, 팔꿈치 보호대도 가족 수대로 구입했다. 스포츠 댄스를 할 때도 화려한 댄스복과 전면 거울이 필요하고 댄스화가 필요하다. 마라톤을 할 때도 운동복과 신발, 선글라스, 모자가 필요하다. 그런 종목에 비하면 요가는 매트 한 장이면 준비 끝이다. 이 얼마나 단순한가.

매트의 위생관리나 보관방법도 중요하다. 내 몸의 분신과도 같은 매트는 사용하지 않을 때 잘 보관해야 오래오래 사용할 수 있다. 매트를 관리하는 나만의 방법을 소개한다. 매일 요가를 한다면 한 달에 한 번 햇볕과 바람에 3분만 말려줘도 좋다. 더러워졌다고 물세탁은 절대 금지다. 땀이나 이물질이 묻었을 경우 수건으로 닦아주면 된다. 요즘은 요가매트 클리너 제품이 나와서 사용해도 무방하고 물티슈를 사용해도 간편하다. 여름철에는 땀이 비 오듯 하는데 그럴 땐 수건으로 닦아주고 나서 바로 말아서 보관하는 것보다 충분히 마르고 난 후에 말아서 고정하면 매트의 위생은 믿을만하다. 매트의 청결은 나의 피부에 닿기 때문에 중요하다. 매트관리가 부실해서 얼굴에 트러블이 생기거나 피부에 뾰루지가 생기는 경우도 많은데 이것만 잘 지킨다면 걱정하지 않아도 된다. 대부분 어떤 옷을 입을까만 신경 쓰고 매트관리를 등한시하는데 나에겐 옷보다 내 몸을 세우고 받아주는 요가매트가 훨씬 중요하다.

〈요가후기〉

오늘은 집에서 누구나 쉽게 할 수 있는 척추, 골반교정에 좋은 코브라 자세를 함께 해볼까요. 전신의 군살, 특히 등과 배, 허리

옆구리 살을 정리하는데 효과적이죠. 코브라 자세에서 골반을 바닥에서 들어 올리면 위로 향한 개(업 독) 자세가 되지요. 코브라 자세에서 업 독 자세로 연결해서 해보는 것을 추천합니다. 발등과 손바닥으로만 몸을 지탱하는 업 독 자세를 해보면 코브라 자세에서 한 발짝 나아가는 재미가 있지요. 저는 계속 배우는 사람이 아름다운 사람이라고 생각해요. 오늘은 이만큼, 내일은 조금 더 자신을 발전으로 이끄는 사람이 진정 아름답지요. 소중한 내 몸을 바르게 잡아주고 목, 어깨, 등이 튼튼하고 곧은 당신은 건강하고 아름다워요.

요가 TIP

머리를 뒤로 젖히는 것보다 가슴을 열어주는 것에 집중한다. 그래야 호흡도 편하고 등 근육과 엉덩이 근육에 제대로 힘이 들어간다. 〈사진참조〉

1. 바닥에 엎드린 상태로 두 다리를 모으고 팔꿈치를 구부려 양 손바닥을 어깨 밑에 댄다.
2. 손 위치에 따라 후굴난도를 조절한다. (초보자가 아니라면 손바닥을 가슴 옆에 댄다)
3. 숨을 들이마시면서 손바닥을 미는 동시에 등을 밀어 상체를 들어 올린다.

4. 엉덩이를 수축시켜 치골이 바닥에 떨어지지 않고 어깨에 힘을 빼고 긴
   장을 풀어준다.

5. 머리와 상체를 뒤로 젖히고 시선은 정면을 본다. (20초 유지)

6. 발등과 손만 바닥에, 골반을 바닥에서 들어 올려 상체를 꼿꼿이 세우
   면 위로 향한 개 자세가 된다.

사진 13. 코브라 자세

02

홀로서기

홀로 선 사람은 견고하다. 모든 시련과 고난을 이겨낸 과정에서 이미 내공이 쌓였기 때문이다. 산에 오르다 만나는 소나무도 그렇다. 평지의 나무보다 비탈에서 견디며 자란 소나무가 더 견고하고 강한 에너지를 뿜어낸다. 비바람을 견디는 과정에서 낮게 낮춰야만 살아남는다는 것을 온몸으로 배우고, 평온한 날씨에는 자신의 뿌리를 더욱 단단히 내리는 그 내공이 느껴진다. 사람도 홀로 선다는 것은 외로운 것이 아니라 수많은 자신을 이겨낸 내공으로 자신을 온전히 지켜내는 사람이다. 힘들고 어려운 역경이 찾아와도 스스로를 지켜내는 사람이다.

사람도 비탈에 서 있는 소나무처럼 자기만의 철학과 정성으로 누군가에게 영향을 주는 사람이 있다. 고향에 갔다가 섬진강을 바라보며 초등시절로 돌아가 재첩잡고 놀던 때를 회상하고 있었다. 친구가 문득 구례 ○○빵집이 유명하다고 함께 가잔다. 친구가 침이 마르도록 칭찬하는 통에 드라이브도 할 겸 구례로 향했다. 이미 방송에도 많이 나온 곳이라 사람들이 줄을 서서 기다리고 있었다. 이 집 주인장의 철학은 구례 땅에서 농사지은 밀을 사용한다고 한다. 가격이 싼 수입 밀의 유혹을 뿌리치고 몇 배로 비싼 우리 밀을 사용한다는 게 말처럼 쉬운 일은 아닐 것이다. 이 부분에서 주인장을 다시 한 번 더 보게 된다. 이 빵집에서 만든 모든 제품들은 구례에서 농사지은 농산물이라는 사실에 고향사랑이 얼마만큼인지 느껴진다. 선거철 때만 "고향을 사랑합시다." 입으로만 외치는 국회의원보다 훨씬 훌륭해 보인다. 이 집을 더욱 유명하게 만든 것은 4無(설탕, 우유, 달걀, 버터)가 들어가지 않은 건강한 빵이라는 것이 입소문 났기 때문이다. 한눈에 봐도 소화가 잘되고 달지 않고 담백한 빵이라 몸이 건강해지는 느낌이 든다. 돈을 벌기 위해서라면 설탕과 버터를 넣어 우리의 눈과 입을 유혹했을 것이다. 다른 빵집들이 다 사용하는 그것들을 사용하지 않고 자신만의 비법을 터득해서 건강한 빵을 고집하고 있다. 설탕 대신 달콤한 구례 곶감을 넣어 만든 곶

감 크림치즈 빵과 다양한 나물을 얹어 만든 구례식 브런치까지 주인장의 철학과 정성이 담긴 빵은 고향의 맛이자 자연의 맛이다. 가치소비가 늘어나는 요즘 이 빵들은 조금 비싸도 그만한 가치가 있기에 많은 사람들은 지갑을 연다. 구례 목월빵집은 줄을 서서 기다려도 시간이 아깝지 않다. 빵을 사랑하고 고향을 사랑하고 사람들의 건강을 우선으로 생각하고 환경보호에도 앞장서는 주인장의 철학은 커다란 느낌표로 남았다. 구례를 지나시거든 꼭 목월빵집에 들러 보시라.

요가 수련은 처음에는 스승이 먼저 시범을 보이고 방법을 알려준다. 그 이후로는 오롯이 내 몫이다. 몸을 세우고 균형을 잡고 나만의 몸과 경험으로 체득해야 한다. 아무리 이론적으로 많이 알고 있어도 몸으로 체득하지 못하면 내 것이 아니다. 내 몸으로 늘리고 구부리고 세워봐야 내 것이다. 그 과정은 쉽지 않다. 넘어지고 비틀거리고 어떤 때는 내 의지와는 상관없이 오만 오두방정을 떨기도 한다. 정말로 나는 그렇게 하고 싶지 않지만 말이다. 그 과정에 중심 잡는 방법을 배운다. 한 번 자전거를 탈 줄 알면 평생 탈 수 있듯이 머리서기도 한번 성공하고 나면 평생 내 것이 된다. 이 정직함이 나는 좋다. 노력한 만큼의 결과물이 우리 생활에 나타나기는 드물어서 더욱더 이 매력에 빠지는지도 모르겠다. 잡코리아가 조사한 설문조사에 우리 사회에서 출세하고 성공하는데 가장 중요한 조건이 개인의 역량이나 성실성보다 부모의 재력이나 뒷받침이 1위에 올랐다는 씁쓸한 뉴스를 접하면 더욱더 요가의 정직함에 위로받는다. 자기소개서를 열심히 쓰고 있는 아들에게 부모찬스의 혜택을 줄 수 없는 것이 부끄럽지 않은 세상이 되기를 바랄 뿐이다.

주변이 아무리 시끌벅적하더라도 머리서기 자세로 꿈쩍도 하지 않는 요가 수련자들을 보면 감탄이 절로 나온다. 그 모습을 보고 있노라면 동네 어귀 입구에 있는 커다란 느티나무를 보는 듯하다. 고향의 느티나무는 마을 사람들의 안식처다. 지나가다 쉬어가기도 하고 시원한 나무 그늘 밑에서 낮잠을 자기도 한다. 막걸리 한 잔을 나누며 인생살이가 힘들다고 푸념도 한다. 희노애락, 모두를 다 품을 수 있는 나무. 홀로 서 있다고 결코 외로운 것이 아니라 오히려 많은 사람을 불러 모은다. 사람도 홀로 선 사람은 외부환경에 휘둘리지 않고 힘들고 어려운 역경이 찾아와도 스스로를 지켜내는 사람이다. 이번 코로나사태에 확진자와 의료지원팀의 식품을 납품하게 되었다. 누구보다 의료지원팀의 수고를 직접 보니 가슴이 먹먹했다. 확진자를 치료하는 의사와 간호사는 물론이고, 군인, 경찰, 시, 도청 공무원들, 자원봉사자들은 일요일도 추석도 없이 격리자의 안전을 챙기고 있었다. 더위에도 감염예방을 위해 장시간 통풍이 되지 않는 방역복과 후드, 마스크, 두 겹의 장갑을 끼고 숨쉬기도, 움직이기도 힘든 환경에서 죽음을 무릎 쓰고 일을 하고 있었다. 테이프자국에 피부가 벗겨지고 온몸이 땀투성이인 채로 환자를 돌보는 이들은 누군가의 소중한 가족이다. 이런 환경에서 근무하는 사람이 가족이라면 눈물 없인 볼 수 없을 것이다. 2주일만 격리해도 죽을 것 같다고 호소하는 사람들이 많다. 하물며 의료지원팀은 격리된 채, 방역복을 입고 피부가 땀으로 불어터져도 환자를 돌보는 일을 하고 있다. 가족들은 얼마나 조마조마하고 애가 탈 것인가. 생명을 담보로 하는 이 일은 사명감 없인 할 수 없는 일이다. 열악한 환경에서 일하는 사람에게 제대로 보상이 이루어지지 않는다면 그 사람들은 병원을 다 떠날 것이다. 그렇게 된다면 의료공백은 어쩔 것인가. 이미 의료 인력부족은 현실적인 문제로 나타나고 있다. 그들의 헌신에 적합한 보상은 이루어져야 마땅하다. 그들이 거리로 나와 피켓을 들기 전에 근무환경의 심각성을 알고 적절한 보상과 개선방법이 이루어져야 한다. 코로나 사태의 장기화와 인력 부족이 겹치면서 처우개선을 요구하는 보건 의료노조는 정당한 요구를 하는 것이다. 확진자와 의료지원팀의 식품을 납품하면서 간호사인 박경애 작가님이 생각났다. 박경애 작가의 『나는 간호사를 선택했다』를 읽으면 간호사들의 근무환경이 얼마나 열악한지, 응급실과 중환자실에서 근무하는 간호사들의 삶을 생생하게 알 수 있다. 의료지원팀의 처우개선은 마땅하고 자신을 온전히 지켜내야 의료서비스의 질도 높아질 것이다. 의료지원팀의 헌신과 수고에 감사의 박수를 보내며 응원한다.

〈요가후기〉

오늘은 어깨서기 자세에 집중해볼까요. 몸 전체가 이롭게 된다는 의미인 만큼 모든 아사나의 여왕으로 통해요. 어깨로 몸 전체를 지탱한다고 해서 어깨서기라고 하지요. 이 자세는 빈혈에 도움을 주고 긴장, 초조, 피곤 등으로 고통 받는다면 집중하는 것이 좋아요. 바른 자세를 원한다면 자세 교정에도 효과적이지요. 소화 작용을 촉진시키고 독소를 제거하고 치질과 변비를 치유하는데 도움을 줘요. 요가로 나아감에 있어 발전의 첫 표시는 평안한 마음이지요. 요가로 인해 깊은 호흡으로 평안하다면 그것으로 충분해요. 매트 위에 있는 나를 존중하고 자신에게 수고했다고 말해주세요.

몸통이 뒤쪽으로 밀려나지 않게 바닥과 수직을 이루게 한다. 이 자세는 쟁기 자세를 두 번 한다. 다리를 들어올리기 전에 쟁기 자세로 척추를 바르게 펴고, 자세를 마무리할 때 쟁기 자세를 한 다음 다리를 바닥에 내린다. 〈사진참조〉

1. 등을 대고 누운 다음 팔은 쭉 뻗어 허벅지 옆에 대고 손등은 하늘을 보게 한다.
2. 누운 상태에서 손은 고정하고 다리를 90도가 되도록 들어 올린다.
3. 숨을 들이마시면서 배의 힘으로 다리를 머리 뒤로 넘긴다. 손은 허리를 받쳐 준다. (쟁기 자세)
4. 숨을 내쉬며 다리와 척추를 위로 곧게 들어 올린다. (두 다리는 천장을 향해 곧게 편다)
6. 손으로 등을 단단히 받치면서 가슴을 턱에 붙여 뒷목을 충분히 펴준다.
7. 양 팔꿈치가 등 뒤에서 가까워지게 모아 가슴을 편다. (그래야 목이 많이 눌리지 않는다)
8. 어깨에서 무릎까지는 곧게 뻗어 몸통이 바닥과 수직을 이루게 한다. (시선은 발끝, 30초간 자세 유지)
9. 다리를 내릴 때는 숨을 내쉬면서 쟁기 자세로 한 다음 배의 힘으로 다리와 허리를 바닥에 내린다.
10. 마무리로 고개를 좌우로 가볍게 풀어주며 편안하게 호흡을 정리한다.

사진 14. 어깨서기 자세

03

내가 하찮다면 요가를

나에게 이런 일이 일어나다니, 욕조에 물이 막혀 내려가지 않아 자세히 보니 머리카락이 한 움큼이다. 이렇게 많은 머리카락이 빠지다니, 내 눈을 의심했다. 나에게도 탈모가 오다니 두 눈으로 보고도 믿을 수 없다. 환절기라 머리카락이 많이 빠지는 것은 아닐까 생각도 해보았지만 그래도 지금까지 이런 경우는 없었다. 한눈에 봐도 엄청난 양이다. 파마나 염색을 하지 않기 때문에 탈모의 원인이 무엇인지 궁금했다. 거울 앞에 서서 머리카락을 이리저리 헤집어 본다. 정수리 부분에 이미 탈모가 진행되고 있었다. 평소에 모발이 굵고 머리숱이 많아서 돼지털이라는 별명으로 불렸는데 지금 이 상황은 너무 황당하다 못해 자꾸만 내가 작아지고 하찮은 생각이 든다. 자꾸 신경이 머리카락에 자동으로 간다. 요가매트를 펴는 짧은 순간에도 대머리가 되면 어쩌지 온통 머리카락에 정신을 팔았다. 요가매트 위에서 한걸음 물러나서 나를 본다. 다른 사람을 바라보듯 나를 본다. 지금 남아있는 머리카락이 훨씬 많고 죽을병에 걸린 것도 아니고 개선할 수 있는 방법도 있다. 그다지 마음 졸일 일도 아니고 애간장 태울 일도 아니다. 괜히 미리 걱정했다가 온 마음을 빼앗긴 어리석은 나를 본다. 일단 조급한 마음을 내려놓고 지금도 충분히 충분하다고 생각하니 마음이 한결 가벼워진다. 지혜는 안에서 나온다. 지금 일어나는 마음의 흐름을 살피는 일에서 시작된다. 외부로 향하던 의식을 요가를 통해 안으로 돌린다. 안에서 스스로 충만해지는 것을 경험한다. 신기한 일은 매트 위에서 요가를 하다 보면 머리카락이 빠지는 일 따위는 금세 잊어버린다. 지금 내가 숨을 들이쉬고 내쉬는 자체에 내가 살아있음에 감사할 뿐이다. 오늘도 건강함에 감사하고 지금 요가를 할 수 있음에 감사하다. 산책길에 맑은 새소리를 들었고 나뭇잎 사이로 쏟아지는 햇살을 온몸으로 받았다. 냇가에 졸졸 흐르는 물소리를 들으며 커다란 바위에 누워 하늘을 보는 호강도 했다. 연초록 이파리의 무성함이 눈이 부시도록 아름다운 풍경도 보았다. 조급한 마음을 내려놓으니 탈모에 신경 쓰지 않게 되었다. 다행히 탈모는 일시적이었고 지금은 멈췄다. 지금 충분히 충분하다. 요가를 통해 내가 얻는 위안은 다음과 같다.

- 지금 여기에 집중하는 일
- 외부로 향해 있던 감각을 내 안으로 돌리는 일
- 육식은 피하고 야채와 과일을 선택하는 것
- 요가를 마치고 나에게 차 한 잔 대접하는 것
- 몸이 가볍고 밝고 평안해지는 것
- 고요 속에 충만함이, 깊은 호흡에 내면적 평화가 찾아온다는 것

어릴 적 초등학교는 내가 사는 동네에 있어서 비가 오나 눈이 오나 편하게 다녔다. 멀리 산골에 사는 친구들은 새벽 일찍 일어나 1시간을 넘게 걸어서 오기도 한 것에 비하면 부러움을 살 만도 했다. 준비물을 깜빡하고 있다가 후다닥 집으로 뛰어가 가져오곤 했다. 그러다가 읍내에 있는 중학교를 가면서 상황은 바뀌었다. 집에서 중학교까지 가는 교통수단은 주로 버스였다. 버스는 화개, 악양, 먹점, 흥룡, 호암 동네에 살고 있는 중, 고등학생들을 태우면서 이미 콩나물시루였고 차장 언니가 아무리 밀어넣어도 더 이상 틈이 없으면 우리 동네는 어김없이 버스가 지나

치기 일쑤였다. 멀어져 가는 버스가 야속하기도, 버스 안에 있는 사람들이 부럽기도 했다. 뿌연 먼지를 손으로 막으며 1시간 동안 걸어간 적도 있고 택시를 타고 간 적도 있다. 그렇다고 매번 버스를 놓칠 때마다 어머니한테 택시비를 달라고 할 수 없었다. 아버지의 교통사고로 수술비며 우리 다섯 형제 학비며 어머니 혼자 힘든 상황이었다. 중학교 1학년 때는 오빠가 나를 자전거에 태우고 다녔고, 중학교 2학년 때부터는 혼자서 중학교까지 5km 거리를 자전거 타고 다녔다. 평평한 아스팔트가 아니라 울퉁불퉁 자갈길과 숨이 턱까지 차오르는 오르막길도 거쳐야 했다. 힘든 오르막을 오르면 온몸에 땀이요 허벅지와 심장은 터질 것 같은데 그 다음은 기적 같은 선물이 온다. 페달을 밟지 않아도 오르막 정상에서 1km는 편하게 내리막길이 나타나기 때문이다. 시원한 바람을 온몸으로 받으면 이마에 맺힌 땀방울과 노고는 한방에 모두 날아간다. 은빛 찬란한 섬진강을 바라보는 짜릿한 기쁨은 덤으로 온다. 풀 향기 가득한 섬진강 꽃길은 콧노래가 절로 나온다. 이 내리막의 시간만큼은 종합선물세트를 받은 것처럼 세상 행복하다. 세상에 공짜는 없다는 걸 온몸으로 배우는 시간이다. 더운 여름날도 추운 겨울에도 자전거 등하교는 나름 나쁘지 않았다. 비가 그친 뒷날이 가장 싫었다. 버스나 트럭이 지나갈 때, 일부 차량의 난폭운전으로 웅덩이에 고인 흙탕물을 뒤집어쓰기 일쑤였다. 그럼에도 그 길이 아름다웠던 건 철마다 꽃길이 열렸기 때문이다. 길 옆으로 매화, 벚꽃, 배꽃, 살구 꽃, 복숭아꽃이 차례로 피었는데 나는 그중에 하얀 배꽃을 가장 좋아했다. 그런 길을 매일 등하교할 때 자전거로 달린 셈이다. 덕분에 하체근력이 남달리 발달했다. 머리숱이 많아서 머리카락을 가라앉히려고 수건을 쓰고 꾹꾹 누른 후 집 밖으로 나온 것도, 하체가 남달리 발달해서 일부러 긴 셔츠로 가린 것도, 지금 생각하면 모두가 아름다움이었는데 왜 중, 고등학교 다닐 때는 콤플렉스로 여겼을까. 솔직히 40대까지는 날씬한 다리를 부러워했다. 나이 오십이 넘어서야 비로소 머리숱이 많아서 복 받았다고, 튼튼한 다리가 더 아름답다고 생각하게 되었다. 요가도 더디고 철도 늦게 들고 '나'라는 사람 더 많이 사랑해야겠다.

〈떠나가는 모발을 붙잡는 착한 방법〉

• 취미나 명상으로 스트레스 줄이기
• 손가락 지문으로 두피 마사지 해주기
• 아침보다 저녁에 머리감기
• 샴푸 전 충분한 빗질로 노폐물 제거하기

- 충분한 숙면 (수면시간 7시간 이상)

- 린스나 트리트먼트 제품은 두피에 닿지 않게 조심

- 콩, 두부, 해조류, 제철과일 챙겨먹기

- 견과류 한 줌씩 챙겨먹기

- 탈모예방에 좋은 자세는 아기 자세, 머리서기, 어깨서기, 물고기
  자세

〈요가후기〉

오늘도 고맙고 기특한 내 몸에게 주는 선물. 몸이 시원하고 가벼워지는 물고기 자세를 함께 해볼까요. 만병통치의 효과를 주는 자세예요. 특히 목과 어깨의 경직을 풀어주고 혈액순환에 도움을 주기 때문에 탈모예방에 도움이 되고, 심신 안정에도 좋아요. 등의 힘을 강화시켜 굽은 등을 교정해 주고 어깨 통증이 자주 나타나는 사람에게 좋아요. 거북목 교정이 필요한 사람은 이 자세를 하면 효과를 많이 볼 수 있어요. 목의 경직을 풀어주기 때문에 천식이나 갑상선에 도움이 되지요. 골반은 탄력이 생기고 치질 치료에도 효과적입니다.

이 자세는 등의 힘으로 가슴을 올려야 해요. 팔은 잠시 거들 뿐. 1분 간 자세를 유지하면서 등을 계속 밀어준다는 느낌으로 하면 등이 활처럼 우아한 곡선 모양으로 나와요. 엉덩이와 하체는 바닥에 뿌리를 내린 것처럼 움직이지 않고 상체만 위로 올립니다. 〈사진참조〉

1. 등을 바닥에 대고 다리를 모으고 눕는다.

2. 팔꿈치를 겨드랑이에 붙이고 손은 가슴에 올린다.

3. 숨을 내쉬면서 팔꿈치에 힘을 주어 바닥을 밀며 가슴을 들어 올리고 등을 활처럼 굽게 한다.

4. 고개를 뒤로 젖혀서 정수리는 바닥에 직각으로 세운다. (2분간 자세 유지)

5. 무리가 없으면 손을 바닥에 내리고 등의 힘으로 가슴을 펴준다.

6. 숨을 내쉬면서 천천히 자세를 푼다.

사진 15. 물고기 자세

혼자 있는 시간

코로나19로 사회적 거리두기가 일상이 되었다. 모든 모임들이 일시적으로 중단되었다. 결혼식이나 장례식엔 친인척이나 가족이 아닌 경우 계좌이체로 마음을 전하는 방식으로 대체되었다. 학생들도 학교를 가지 않고 집에서 온라인 수업으로 진행되고 있다. 모든 관계가 뚝 끊긴 상태다. 갑자기 닥친 언택트(untact)한 세상에 모든 것이 단절되진 않았다. 그다지 중요하지 않은 모임은 자연스럽게 정리되었고 나와 가족, 가까운 친구들과의 관계는 예전보다 더 친밀해졌다. 그동안 형식적이었던 모임이나 관계의 불필요한 접촉을 줄이는 대신 나와 가족의 행복에 집중하는 딥택트(deeptact)한 시간이 늘어났다. 자연적으로 혼자 있는 시간이 많아졌다. 나는 혼자 있는 시간을 즐기는 사람이다. 번잡한 일상을 벗어나 혼자 있는 시간을 나를 키우는 시간으로 만들어 보면 재미있고 즐겁다. '나.키.시(나를 키우는 시간)'는 작은 것에 행복을 찾고 나를 사랑하고 마음의 근육을 키우는 즐거운 놀이로 채운다.

첫째, 요가를 한다. 매일 한 시간은 매트 위에서 나를 만난다. 마음속 어린 아이를 만나고 때로는 욕심 많고 어리석은 나를 만나기도 한다. 적게 먹자면서 모임에 가면 어김없이 부른 배를 안고 머리를 쥐어박을 때도 종종 있다. 좀처럼 되지 않는 동작에서 낑낑거릴 때도 있다. 지금 그대로의 나를 인정한다. 완벽하다면 신이지 인간이겠는가. 이런 모습 또한 나다. 막히는 부분에서는 내가 할 수 있는 만큼만 한다. 완벽하게 하려고 애쓰지 않는다. 요가를 하는 동안 내 몸에 집중하고 지금에 몰입한다. 아쉬탕가 요가 철학에서는 네 가지 요가의 길을 실천하기를 권하고 있다.

첫 번째 카르마 요가는 순수한 마음으로 하는 요가, 이타심을 가진 봉사나 공동체를 위한 헌신 등을 일상생활에서 실천하는 방법이다.

두 번째 박티 요가는 신념, 믿음을 갖고 흔들림 없이 살아가는 헌신의 요가, 조건 없이 순수하게 기도하는 방법이다.

세 번째 갸나 요가는 지혜의 요가로 눈에 보이지 않는 진리를 찾기 위해 끊임없이 배우는 방법이다.

네 번째 라자 요가는 우리가 흔히 요가라고 말하는 것으로 몸을 이용해서 규칙적으로 아사나(요가 자세)와 호흡, 명상을 수련하는 방법이다.

봉사, 믿음, 배움, 명상이라는 네 개의 방법으로 나에게 주어진 환경에서 실천하려고 노력하고 있다. 내가 꽂혀 있는 요가는 단순한 신체적 운동이 아니었고 시나브로 일상에서 실천하고 끊임없이 배우고 조금씩 나아진 길로 안내하는 고마운 나침반이 되었다.

둘째, 맨발산책이다. 맨발걷기로 숲속의 속살을 만나고 있다. 맨발로 흙길을 걷는 동안은 자동으로 명상이 된다. 복잡한 모든 감정들은 물러나고 오로지 지금에 집중하게 된다. 걸음걸이가 조심스러워지고 시선은 아래로 향한다. 산책길에 만나는 온갖 들풀과 초록 이파리들의 속삭임, 개미, 지렁이, 딱따구리, 다람쥐, 황톳길 등 모든 것이 고맙고 아름답게 다가온다. 무성한 이파리들이 바람에 살랑거리는 모습도, 편백 숲에서 깊은 호흡으로 잠시 앉아있는 시간도 고마운 일이다. 내 몸도 나무처럼 자연의 한 일부가 되어 흡수된다. 운동기구 중에 거꾸리에 매달려서 하늘을 보면 저절로 행복하다. 거꾸로 매달린 채 좋아하는 시를 낭송하다 보면 더없이 행복하다. 일을 마치고 제일 먼저 산책을 가는 이유는 해가 있을 때 산책을 하면 훨씬 기분이 좋기 때문이다. 일부러 햇볕을 많이 흡수하기 위해 옷은 민소매로 모자는 작은 캡으로 쓰고 간다. 햇볕에 몸을 말리면 마음의 꿉꿉한 찌꺼기도 다 말라버리는 뽀송함이 좋다. 한결 기분이 상쾌하다. 하루에 1시간씩 햇볕을 받으면 하루에 필요한 비타민D는 충분하다. 햇볕이 주는 축복을 마음껏 온몸으로 받아들인다. 하루 한 시간 맨발산책은 혼자 있는 시간을 가장 즐겁고 행복한 시간으로 만든다. 몸과 마음의 건강도 챙길 수 있으니 이보다 더 좋을 수 없다.

셋째, 읽고 쓰는 시간이다. 오전에 1시간 오후에 1시간을 매일 책을 읽다 보니 지금은 어느새 하루에 4시간은 책 읽는 시간을 갖게 되었다. 사회적 거리두기는 오히려 책 읽는 시간을 더 많이 확보할 수 있는 기회가 되었다. 이 또한 얼마나 큰 축복인지. 그동안 책을 꾸준히 읽었기 때문에 가능한 일이 생겼다. 그것은 책을 쓰는 일이다. 그동안 감사일기, 독서일기를 조금씩 써 왔지만 본격적으로 책을 써야지 결심을 하게 된 계기는 그래도 다양한 책을 많이 읽었기 때문에 용기가 나지 않았을까 싶다. 첫 번째 책인 『마음속 아이를 부탁해』가 세상에 나왔을 때 받은 관심과 감동은 평생 잊지 못한다. 일상을 담담하게 써 내려간 글이 독자들에게는 한 줄기 희망으로 다가왔단다. 어떤 독자는 "나도 이 정도의 글은 쓸 수 있겠구나!" 하는 생각이 들었다고 한다. 진심으로 이런 사람들이 많이 생겨서 글 쓰는 사람이 많아졌으면 좋겠다. 어느 독자는 핸드폰 배경화면에 내가 쓴 문장을 적어둔 사람도 있었다. 하루는 커피숍에 갔다가 내 책이 진열되어 기뻤고, 점심 먹으러 갔다가 입구에 내 책이 꽂혀 있는 걸 발견하고 얼마나 감동 받았는지 모른다. 내 책을 읽고 "나의 삶인 양 고개를 끄덕이고 눈물을 많이 흘렸다."는 독자도 있었다. 어느 독자는 내 책의 한 부분을 필사해서 블로그에 올리기도 했다. 교보문고나 진주문고에 내 책이 진열되었고 저자강연회를 하는 축복을 받았다. 운도 좋았고 많은 사람들의 관심과 사랑을 받았다. 지인들이 성의껏 10권, 20권, 30권, 40권, 50권, 100권을 구매해 준 감동은 지금도 여전히 마음속 깊은 곳에 저장하고 있다. 책으로 받은 관심과 사랑을 그대로 다시 돌려주려고 노력하고 있다. 책을 읽고 쓰는 시간이 나를 성찰하게 한다.

혼자 있는 시간에 요가, 맨발산책, 읽고 쓰는 시간으로 슬기로운 거리두기는 즐거운 놀이이자 나를 키우는 도구가 되었다. 나를 바로 세우고 돌보는 시간으로 채우는 것이야말로 굳이 명품가방을 들지 않아도 삶의 품격을 유지하고 높여 주지 않을까.

05

나를 믿어 보시길

"뭐하는데?"

"책 쓰고 있는 중이야. 두 번째 책을 써보려고."

"돈도 안 되는 걸 또 하냐?"

"돈 되라고 하나? 내가 하고 싶으니까 하는 거야."

내 이름이 박힌 책을 내는 특별한 경험은 세상을 다 얻은 것 같은 기쁨을 주었다. 그만한 기쁨과 가치를 만끽했다면 굳이 돈으로 책정해야 할까, 짝지에게 큰 소리로 말했다. 그럼에도 일주일 동안 남편의 말이 귓가에 쟁쟁거렸고, 남편의 말마따나 마음

한구석에는 솔직히 이왕이면 돈이 된다면 좋겠다고 생각한다. 돈이 되지 않아도 기쁨과 가치 있는 일에 나는 기꺼이 정성과 노력과 시간을 할애한다. 일단 시작했으면 끝까지 간다. "잘 할 수 있을까?" 하는 고민 따위 하지 않는다. 그럴 시간에 그냥 묵묵히 쓴다. 책을 쓰겠다고 결심했고 어떻게 하든 없는 시간을 쪼개서라도 하고야 마는 성격 때문에 남편을 여러 번 당황하게 했다. 번지점프 사건도 62m 높이에서 몸을 던졌고 어깨 통증을 극복하고 요가를 해낸 것도, 첫 번째 책을 낼 때도 혀를 내둘렀다. 책 쓰기에 들어가면 일단 하루에 한 꼭지를 쓴다. 시간이 얼마나 걸리는지 상관하지 않는다. 먹고 사는 본업에 충실하면서 짬나는 시간에 글을 쓰기 때문에 집중해서 쓴다. 글쓰기에 들어가면 글쓰기가 최우선이고 다른 일들은 뒤로 밀려난다. 잡생각도 전혀 일어나지 않는다. 오로지 어떤 주제로 글을 풀어쓸까만 고민하고 생각한다. 잡다한 것들이 가지치기가 되는 이 몰입감이 나는 좋다. 그 다음은 2주 동안 머리를 비우기 위해 원고를 절대 보지 않는다. 머릿속이 제로에 가깝게 초고를 잊고 있을 때 퇴고를 한다. 초고를 쓸 때보다 퇴고의 시간이 더 길다. 전체적으로 네 번의 원고 수정을 거쳐서 출판사에 투고한다. 얼마나 많은 시간과 정성을 들여야 하는지 여실히 드러나는 글쓰기의 고된 과정이다. 끈기 있게 하지 않으면 안 되고 쉽게 글이 써지는 것도 아니지만 그래서 성취했을 때 기쁨은 말로 표현하기 어려울 정도로 충분한 가치를 준다. 첫 번째 책 『마음속 아이를 부탁해』를 투고한 출판사에서 '우수출판콘텐츠'에 내 원고를 추천해 주기도 했다. 그때의 기쁨과 뿌듯함은 그동안 힘들고 수고한 글쓰기 과정을 한방에 잊게 할 만큼 충분했다.

요가가 나에게 준 선물 중 하나는 바로 나 자신을 믿게 되었다는 점이다. 그 어떤 외부의 방해 요소를 만나도 신경 쓰지 않는다. 예전 같으면 다른 사람이 무슨 말을 하면 금세 휘둘려서 용기내지 못하고 주춤했을 것이다. 이제는 나를 믿고 마음이 시키는 대로 한 걸음 한걸음 집중한다. 남편이 돈이 되지 않은 일에 매달리는 것을 이해하기 힘든 표정으로 나를 쳐다봐도 상관하지 않는다. 내가 하고 싶고 행복하다면 기꺼이 수고를 감내하고라도 노력하고 성실하게 내 마음이 시키는 대로 한다. 책으로 돈을 벌고 성공하겠다는 작가도 있었는데 좋은 문구는 다 들어갔는데 글에 진정성이 없었다. 책을 쓰는 목적이 돈을 벌기 위함이었으니 내용은 보지 않아도 뻔하다. 오히려 나는 저런 글은 쓰지 말아야지, 솔직한 글을 써야지 배우는 시간이 되기도 했다. 내가 생각하는 좋은 글은 나의 경험에서 얻은 배움이나 깨달음이라고 생각한다. 나의 경험을 나누고 단 한 사람에게라도 도움을 줄 수 있다면 좋겠다는 심정으로 나를 믿고 정성껏 나만의 색깔로 써본다.

요가 수련을 통해 깨달은 것은 멋진 자세나 기술이 아니다. 그 어떤 자세를 하더라도 마음에 흔들림 없이 편안하게 그대로 유지하는 것이다. 내 삶도 다른 사람이 어떤 말을 하든 흔들림 없이 나를 믿고 그대로 집중하고자 한다. 어렵고 힘든 일을 왜 굳이 하느냐고 묻는다면 하지 않으면 된다. 그렇지만 결코 성장하지 못하고 잘못된 선택이라는 걸 금방 깨닫게 되지 않았는가. 아무것도 하지 않으면 아무것도 배우지 못한다. 그런 삶을 계속 살고 싶다면 아무것도 하지 말기를. 해보지도 않고 후회하는 삶보다 해보고 경험을 쌓고 성장하는 삶이 보람과 가치를 준다. 공포의 62m 높이에서 몸을 던진 번지점프의 경험은 그 어떤 것도 두렵지 않은 자신감을 주었다. 요가도 어깨 통증으로 비명을 지르며 힘든 시간을 견뎌냈더니 가볍고 건강한 몸을 얻게 되었다. 그 경험치들이 쌓여서 어느 날 내가 머뭇거리지 않고 두 번째 책 쓰기에 도전하고 있었다. 내가 원하고 좋아하는 책 쓰기는 주변의 잡다한 소리에 휘둘리지 않는다. 돈이 되지 않아도 돈보다 훨씬 가치 있다면 소신 있게 밀고 나간다. 돈이 되지 않아도 감지덕지 하겠다. 나의 직감과 선택을 믿어본다.

⟨요가후기⟩

뱃살이 점점 늘어나고 바지가 들어가지 않는다면 오늘은 보트 자세를 같이 해볼까요. 복부에 지방이 쌓이면 쌓일수록 허리 근육은 줄어들어 척추건강을 해칩니다. 늘어난 뱃살과 장시간의 좌식생활은 허리 통증을 유발하기도 합니다. 업무적인 스트레스로 당이 당길 때는 사탕이나 과자보다는 견과류를 선택하는 것도 복부지방을 예방하는 방법이지요. 복부에 지방을 태우는 보트 자세는 어제보다 단단한 코어를 만들어 보는 것에 집중하면 됩니다. 어쩌면 오늘은 잘 될지도 몰라요. 왜냐고요? 당신을 믿으니까요. 다리가 올라가지 않고 배에 힘주기가 쉽지 않죠. 마음처럼 되지 않아도, 조금 모자란 것 같아도 자신을 믿고 한 번 더 해보세요. 매일 꾸준히 하다 보면 몸이 꽃처럼 피어날 때가 꼭 와요. 왜냐하면 인생에 공짜는 없거든요. 처음부터 욕심내지 말고 조금씩 V자의 각도를 좁혀 보면 점점 배에 11자가 나타납니다. 유연성이 얼마나 좋은지, 자세가 얼마나 그럴싸하게 나오는지는 중요하지 않아요. 시도해보고 실패하고 다시 시도해보면 그 실패를 통해 배우게 된다는 것이 중요합니다.

복부의 힘으로 자세를 유지한다. 코어가 단단해졌나요. (하루 만에 택도 없는 소리) 이론은 간단하지만 결코 쉽지 않은 자세. 그래서 매일, 자주, 꾸준히 하는 것이 중요하지요. 〈사진참조〉

1. 다리를 정면으로 곧게 펴서 앉는다.

2. 발끝을 몸 쪽으로 당기고 양손은 엉덩이 옆에 바닥 짚고 복부 힘으로 허리를 곧게 편다.

3. 몸을 약간 뒤로 기울여 균형을 엉덩이로 잡아주고 동시에 다리를 길게 뻗어 올린다.

4. 허벅지에 힘을 주고 무릎을 펴고 발끝을 위로 밀어낸다. (옆에서 보면 V자 모양)

5. 바닥을 짚었던 손을 앞으로 쭉 뻗어 허벅지 옆에 바닥과 평행이 되게 한다. (boat 모양이 되었나요)

6. 허리를 곧게 펴고 가슴을 들어 올려 몸이 V자가 되도록 한다. (호흡을 편하게 10번)

사진 16. 보트 자세

06

삑사리 났다

요가를 할 때 몸에 힘을 빼면 동작이 크고 깊게 나온다. 반대로 몸에 힘이 잔뜩 들어간 상태에서 하면 몸은 힘들고 자세도 제대로 나오지 않는다. 초보자들은 힘을 뺀다고 하는데 나도 모르게 긴장을 하게 된다. 몸에 긴장을 없애려면 내 몸을 믿어야 한다. 그렇다면 내 몸을 믿는다는 것은 어디서 생겨나는 걸까? 오랜 수련을 해야만 비로소 힘이 빠지는 것을 알 수 있다. 매트에서 수많은 시간을 보내고 성공 경험이 쌓이면 비로소 내 몸을 믿고 힘 빼기가 자동으로 된다. 그런데 수많은 시간 동안 삑사리가 엄청 난다는 사실이다. 삑사리 날 땐 몸을 다시 세우면 된다. 그럴 수도 있지. 괜찮다. 너무 잘하려고 애쓸 때 삑사리 난다. 쓰지 말자 안간힘. 너무 잘하려는 마음을 내려놓자. 모든 것이 물 흐르듯 자연스럽게 과하지 않게 내가 할 수 있는 만큼만 하면 된다. 셀 수 없이 나동그라져도 전혀 마음에 동요 없이 하던 자세를 다시 잡으면 된다. 요가는 속도가 아니라 천천히 내 몸을 알아가는 것이 포인트다. 매트 위에서 깊은 호흡으로 숨을 바라보는 것, 빠름의 속도를 멈추고, 천천히 내 몸에 들어오고 나가는 숨을 즐기는 마음이야말로 요가를 맛있게 하는 방법이다.

요가를 하면서 가장 먼저 배운 건 내 몸을 있는 그대로 인정해야 한다는 것이다. 허리가 약하거나 등이 약한 나, 어깨가 비대칭인 나, 고관절이 틀어진 나, 허벅지가 엄청 굵은 나, 하체가 짧은 나. 다른 사람은 잘 되는 자세에도 나만 낑낑거리고 통증이 오고야 마는 저질 몸뚱어리지만 그것 또한 나라는 사실을 받아들이게 된다. 그런 다음 비로소 나의 몸을 다정하게 대하고 존중하는 마음이 생긴다. 몸을 존중하는 것은 몸의 지혜를 깨우는 것이다. 때로는 인정하고 때로는 버리고 때로는 새로운 것을 받아들이는 열린 마음으로 가는 과정이다. 내 몸에 붙어 있는 팔, 다리, 손톱, 발톱까지도 고맙기만 하다. 조금씩 몸을 달래고 늘리고 구부리다 보면 소중한 나를 만난다. 다리를 얼마나 찢고 턱이 무릎에 얼마나 붙이는가는 중요하지 않다. 시작도 마무리도 나에게 '나마스떼(지금 있는 그대로 존중한다)'이다. 요가를 하려고 매트 위에 있는 지금의 나를 존중한다. 자세를 잡고 낑낑거리는 것을 존중한다. 틀어진 고관절을 교정하려는 것도 존중한다. 완벽하진 않지만 이런 작은 노력을 하는 스스로를 높이 칭찬한다. 요가를 하는 목적은 자세를 우아하게 잘하기 위함이 아니었다. 살을 빼기 위함도 아니었다. 내가 요가를 하는 본질은 자세 교정을 해서 건강하고 아프지 않은 몸을 만들기 위함이다. 자세가 잘 되지 않아도, 남들보다 두 배의 노력과 시간을 들여야 했을 때도 담담하게 몸을 세웠다. 조금씩 몸을 교정하는 것에 본질이 있었기에 나는 그것에만 집중했다. 애당초 완벽한 자세는 없다. 요가는 자세를 하는 과정에서 나를 만나고 몸을 알아가고 그 과정에서 일어나는 배움이다. 이렇게 했더니 몸이 이런 반응을 하는구나. 이 부분이 약하니 더욱더 정성을 쏟아야 하는구나. 내 몸은 이러해서 교정이 필요하구나. 그러니 삑사리 나더라도 더욱더 내 몸을 존중하고 사랑할지어다.

가게에서 30대 남자 고객이 담배를 두 보루 사고 쭈뼛거리며 나를 쳐다본다. 감히 말을 걸기가 무서운 깍두기 머리에 양팔에 문신이 가득하다. 직업이 뭐냐고 물어보지 않아도 단박에 알 수 있겠다. 셔츠 사이로 보이는 문신은 온몸이 용이나 호랑이로 채워져 있는 것이 분명하다. 괜히 내가 지은 죄도 없으면서 주눅이 든다. 몸은 쇠 덩어리처럼 단단한 근육이요 인상은 웃음기라곤 없다. 문신을 보니 내가 아는 제주도에 살고 있는 목사님이 생각난다. 그분은 젊었을 때의 실수를 지금은 회개했고 목사로 평생을 지은 죄를 갚는다는 생각으로 살고 있다. 골프를 마치고도 절대 샤워를 하지 않는다고 전해지고 있다. 용이 자기 몸 전체를 감싸고 있는 것이 지워지지 않는 후회로 남았다고 한다. 젊은 시절 한순간의 잘못된 선택으로 땅을 치고 후회했다고 한다. 자기 몸에 있는 문신을 볼 때마다 평생토록 자신을 채찍질하는 매질로 생각한단다. 표정은 온화하고 밝은 미소가 꼭 김수환 추기경을 닮았다. 얼마나 많은 시간을 자신이 과거에 했던 잘못을 바로 잡으려고 노력했는지 얼굴 표정에 나타난다. 나는 문신 목사님의 모습이 선한 철학자처럼 보인다. 몸 전체에 문신이 있다고 고백하기 전까진 나도 전혀 눈치채지 못했으니까. 이 남자 고객도 제주도에 살고 있는 목사님처럼 되었으면 좋겠다.

"잔돈이 필요한데 얼마까지 바꿔줄 수 있소"

부탁해도 모자랄 판에 반말까지 한다. 근육만 키우지 말고 인성도 좀 키우시지.

똑같은 내용의 말이라도 정중하게 부탁했다면 나는 감동했을 텐데. 근육만큼 인성도 대단하더라고 널리 알렸을 텐데.

잔돈을 교환해 주고 나서 한참동안 마음이 편하질 않았다. 돈이 드는 것도 아닌데 기분 좋게 부탁하면 될 것을 내 마음에도 뻑사리 났다. 매트 위에서 호흡을 고르면서 처음 본 문신고객을 위해 기도했다. 제주도 목사님처럼 되게 해주세요.

07

요가를 쉽게 하는 방법

처음 요가를 접하고 나면 생각보다 힘들다고 토로하는 사람들이 많다. 나도 그랬다. 처음 요가를 배우는 내내 몽둥이로 맞은 것처럼 아프고 당기고 힘들었다. 평소와 반대로 자세를 늘리고 구부리고 펼치면 몸살이 나고 만다. 당연하다. 평소 쓰지 않던 근육을 쓰고 중심을 잡는 과정에서 용을 쓰기 때문이다. 요가를 쉽게 할 수 있는 뾰족한 방법을 기대하지만 특별한 왕도는 없다. 연습하고 또 연습하는 것뿐이다. 다리가 당기면 다리에 애정을 가지고 친절하게 대해주면 된다. 허리에 통증이 느껴지면 허리에 애정을 쏟으면 된다. 어깨 통증이 심하다면 어깨에 정성을 다하면 된다. 아프고 힘들다고 포기하면 예전의 몸에서 벗어나지 못한다. 아픈 몸에서 건강한 몸을 원한다면 그만한 수고와 대가를 지불해야 마땅하다. 특별히 나는 저질 몸뚱어리여서 남들보다 두 배로 노력을 해야 했고 남들보다 한참 느렸지만 포기하지 않고 꾸준히 묵묵히 하루도 빠짐없이 매트 위에 몸을 세웠다. 연습하고 노력한 만큼 정직한 것이 요가다. 그래서 매력적이고 하다보면 "되는구나." 내 몸을 믿게 된다. 매일 매트 위에서 몸을 세워 조금씩 나아지는 몸을 발견하는 기쁨도 소소한 행복이다. 요가를 쉽게 하는 방법은 매일 요가를 하는 습관을 들이는 것이 최고다. 내가 했던 방법인데 귀찮고 게으름 피우고 싶은 날 매트 위에 몸을 세우기에는 최고였다. 머리가 아파서, 생리 중이라서, 배가 불러서 등등 핑계와 변명이 유혹할 때 휘둘리지 않고 묵묵히 내 몸을 세우게 했다. 탄력 있고 건강한 몸을 희망하는 모든 이들에게 조금이나마 도움이 되었으면 좋겠다.

첫째, 매일 요가를 한다. 시작은 언제나 힘들고 어렵다. 시작이 반이라는 말은 그만큼 시작이 어렵다는 사실을 대변한다. 처음은 언제나 서툴고 어색하고 마음대로 되지 않는다. 자세들이 내 몸에 익숙해질 때까지 시간이 필요하다. 내 몸에 습관을 들이기까지 매일 하는 것이 중요하다. 일단 매일 매트를 편다.

매트 위에서 차를 마시든 책을 읽든 상관 말고 매트를 편다. 동작 하나를 해도 무방하고 30분만 해도 괜찮다. 전혀 하지 않는 것보다 낫다. 시작은 창대하다. 요가복을 사고 매트를 산다. "열심히 해서 멋진 몸을 만들고 말테야" 다짐한다. 몇 번 하다가 생각보다 눈에 띄게 달라진 것도 없고 나아지는 느낌도 받지 않는다. 당연하다. 요가 자세를 몇 번 했다고 단박에 건강해지거나 자세가 교정되지 않는다. 자동으로 매트는 에어컨 뒤에 짐꾼으로 밀리고 만다. 그럴 때 과감하게 다시 매트를 펴게 하는 주문이 있다. 큰소리로 "요가를 한다."라고 현재형으로 말하라. 말에는 힘이 있다. 내가 뱉은 말에 책임지기 위해 뭔가를 한다. 말로서 끝나는 것이 아니라 행동하게끔 몸을 이끈다. 옆에서 누군가 보고 있다면 웃기기는 한데 이 방법이 매번 나를 매트 위에 세웠다.

둘째, 정해진 시간과 장소에서 한다. 아침시간이 여유 있다면 아침에 하면 된다. 매일 정해진 시간과 장소에서 하면 빨리 습관이 된다. 아침을 먹듯이 요가도 그 시간에 하면 몸이 알아서 움직이게 된다. 업무상 자정에 마감 정산을 하고 새벽에 잠드는 나는 저녁 9시 이후에 한다. 최소 한 시간은 한다. 매트 위에서 나를 존중하고 수고한 몸에게 토닥여주고 보살펴준다.

내 몸에 집중하고 늘리고 구부리고 펼치는 과정에서 오늘 지금에 감사한다. 요가를 마치고 잠자리에 들면 꿀잠은 보장된다. 한 번도 깨지 않고 잠들기 때문에 수면의 질이 최고다. 피로회복에도 그만이다. 아침에 일어날 때 몸이 가뿐하고 에너지가 충전되어 최상의 컨디션이 된다. 자동으로 활기찬 하루를 맞이하고 기적 같은 하루를 시작한다.

셋째, 내 몸에 집중한다. 오롯이 내 몸에 집중해야 한다. 다른 사람의 자세를 보고 부러워하거나 따라 하다가는 가랑이가 찢어지고 만다. 욕심내서 자세를 하다 보면 부상을 입기도 한다. 내가 요가를 하는 목적은 요가를 잘하기 위함이 아니다. 통증 없는 건강한 몸으로 만들기 위함이다. 과도한 욕심은 몸을 건강하게 하는 게 아니라 오히려 몸에 스트레스를 주게 된다. 내가 할 수 있는 만큼만 정성껏 하면 된다. 내가 20%가 최선이라면 그만큼만 정성껏 하면 된다. 다른 사람의 몸이 아닌 내 몸에 맞게 속도를 조절해서 천천히 하면 된다. 제발 남과의 비교는 이제 그만. 어제의 나보다 한 발짝 나아지는 것에 초점을 맞춘다. 어제보다 조금 더 안정된 자세, 어제보다 조금 더 코어가 단단해진 나, 어제보다 조금 더 깊어진 자세로 나아가는 것에 집중하면 된다. 내 몸에 정성을 기울이다 보면 체형이 바르게 교정되고 근력도 좋아지고 체지방은 줄어든다. 한마디로 육체가 건강해진다. 물론 그보다 더 큰 장점은 눈에 보이는 육체보다 마음이 바다처럼 잔잔해진 평온이 훨씬 크다는 것이 요가의 묘미다.

내가 요가를 시작한 이유는 몸도 마음도 병들었기 때문이다. 목이 좌우로 돌아가지 않고 어깨 통증으로 잠 못 이룬 밤이 없었더라면 지금처럼 매일 요가를 할 수 있었을까? 통증 없는 몸으로 만들기 위해 요가를 시작했다. 때론 내게 찾아온 고난은 정신을 번쩍 들게 하고 무엇이 중요한지 배우는 기회를 준다.

돈에 집중하다가 건강을 잃었다. 건강을 잃으면 다른 것들은 모두 부수적으로 밀려난다. 좋은 옷도 좋은 차도 그림 같은 별장도 다 필요치 않고 최우선 순위가 건강을 회복하려는 본능에 매달리게 된다. 건강보다 더 소중한 건 없기 때문이다. 건강할 때 소중함을 알고 살뜰히 챙기는 지혜가 필요하다. 허리 통증이 오기 전에 요가를 했으면 좋겠다. 어깨가 아프기 전에 요가로 자세와 체형을 바르게 했으면 좋겠다. 요가를 쉽게 하려면 오늘도 내일도 그 다음날도 매트를 펴는 것이다. 매일, 꾸준히, 내 몸에 집중하는 것이 요가를 쉽게 하는 방법이다.

08

살아있다는 이유만으로

살다 보면 생각지도 못한 일이 일어나기도 하고 어이없는 일이 생기기도 한다. 갑자기 사고로 하루아침에 가족을 잃은 경우는 그저 억울하고 아깝고 분통만 터진다. 전혀 준비 없이 들이닥친 죽음은 도무지 받아들이기 힘들다. 고향 친구의 언니가 별세했다는 문자가 왔다. 고향 친구는 암 투병으로 1년을 고생하다가 겨우 몸을 추스르고 있었다. 갑자기 닥친 언니의 죽음으로 얼마나 힘겨운 시간을 보내고 있을지 짐작이 가고도 남는다. 형제, 자매상은 겪어보지 않으면 그 아픔을 다 알지 못한다. 슬픔과 억울함이 뼛속까지 올라온다. 시도 때도 없이 눈물이 나고 형

제자매와 연관된 물건만 보아도 눈물샘이 터진다. 나도 남동생을 하늘나라로 보내고 눈물이 시도 때도 없이 나왔다. 그 어떤 말도 위로가 되지 않았고 잘 지내다가도 한 번 터진 울음은 쉽게 멈춰지지 않았다. 일을 하다가도 서너 번은 화장실에서 빨개진 눈으로 나왔다. 운전을 하다가 라디오에서 남동생이 자주 부르던 노래가 나오면 흐르는 눈물에 차를 세워야만 했다. 동생이 술을 먹으면 자주 불렀던 노래는 나훈아의 '부모'라는 노래였다.

"낙엽이 우수수 떨어질 때

겨울의 기나긴 밤 어머님하고 둘이 앉아

옛 이야기 들어라

나는 어쩌면 생겨나와 이 이야기 듣는가

묻지도 말아라 내일 날을

내가 부모 되어서 알아보리라"

내가 자전거 타는 방법을 처음 배울 때 고사리 손으로 뒤를 잡아주던 동생, 가게 일이 바쁠 때 휴일을 반납하고 묵묵히 도와주던 동생, 돌아가신 어머니가 보고 싶을 땐 이 노래로 아픔과 외로움을 혼자 달랬을 동생, 부모가 되어 알아보리라던 동생은 결혼도 하지 못한 채 위암 투병 끝에 하늘나라로 갔다.

지금 고향친구도 갑자기 닥친 언니의 죽음에 힘든 시간을 보내고 있다. 친구의 마음에 일어나는 감정이 될 수 있으면 다 표현되어져 나와서 하루빨리 훌훌 털고 일어났으면 좋겠다. 올라오는 감정을 다 쏟아내고 하루빨리 아픔에서 친구가 조금이라도 자유로워졌으면 좋겠다. 마음속에 묻어두지 말고 울음으로 표현하고 말로 표현하고 글로 표현해서 감정을 모두 쏟아냈으면 좋겠다.

친구야!
아프지 않은 척 애쓰지 마
울고 싶을 땐 실컷 울어
속상한 마음을 푸는 덴 우는 게 최고더라
그리고 훌훌 털고 일어나
오직 하나, 살아있다는 이유만으로 행복하길

친구란 그저 말없이 옆에 있어주기만 해도 위로가 된다. 남동생을 보내고 울고 있을 때 아무 말 없이 같이 울어준 친구는 평생 고마운 친구로 남아있다. 왜 나에게 이런 고통을 주는지 원망이 가득할 때 작은 것이라도 챙겨 주고 싶어 귀한 시간을 내어 달려온 친구. 아픔에 힘들고 고통 받을 때 기꺼이 옆에 있어준 친구가 있어 그나마 힘든 시간을 견딜 수 있었다. 친구가 나를 찾아와 준 것만으로도 큰 힘이 되었다. 지금 고향친구도 내가 경험했던 아픔을 견뎌내고 있는 중이다. 하루아침에 그쳐질 울음이 아니란 걸 안다. 내가 먼저 겪어본 아픔을 알기에 친구는 조금만 아팠으면 좋겠다. 시간이 지나야만 해결이 되는 울음이고 몇 백번을 울먹여야만 그치게 되는 울음인 걸 안다. 친구가 잘 견뎌내고 훌훌 털고 일어나 나중에는 활짝 웃게 되기를 바란다. 자주 전화로 안부를 묻고 조금은 위로가 되어주고 싶지만 그럴싸한 말은 나오지 않는다. 그냥 친구가 하는 말을 묵묵히 들어주고 고개를 끄덕이고 수다를 떨다가 배를 잡고 웃다가 때론 같이 훌쩍거린다. 좋은 말로 토닥여주고 싶지만 "밥은 묵었나."로 표현되어져 나오는 나의 무뚝뚝한 말주변이란. 친구야, 말주변이 없어도 내 마음은 하루 중에 네가 웃는 시간이 더 많기를, 살아있다는 이유만으로 행복했으면 좋겠다. 유진 오켈리가 쓴 책『인생이 내게 준 선물』의 첫 대목은 커다란 메시지를 준다. "나는 축복받은 사람이다. 앞으로 살날이 3개월 남았다는 선고를 들었다." 만약에 내가 이런 선고를 들었다면 축복받았다고 말할 수 있을까. 작가는 지금에 초점을 맞춘다. 지금 살아있다는 이유만으로, 살날이 남아있다는 이유만으로 작가는 축복받았다고 말한다. 지금, 이 순간을 향유하고자 하는 열정을 우리도 배워야 한다.

〈요가후기〉

아이돌 가수 '방탄소년단' 그룹이 있듯이 요가 자세에도 그룹으로 묶어놓은 자세가 있어요. 본격적으로 요가를 시작하기 전에 몸 풀기를 하는 동작이지요. 이름하여 태양경배 자세입니다. 해가 뜨는 동쪽을 바라보고 태양에게 인사하는 방법은 여러 가지 자세를 연결해서 합니다. 수련하기 전 태양의 좋은 에너지를 내 몸에 받아들이고 생명의 에너지인 태양에게 온몸으로 감사를 표하는 성스러운 자세이기도 하지요. 같이 해보고 태양의 기운을 내 몸에 전달해 보세요. 머리부터 발가락 끝까지 최대한 경건한 마음과 감사의 마음으로 다음 동작을 연결해 보세요. 마음먹은 대로 잘되지 않을 수도 있어요. 완벽한 자세가 아니어도 괜찮습니다. 지금 상황에서 최선을 다하려는 그 과정이 있을 뿐이죠. 몸이 어떻게 반응하는지 마음이 어떤 말을 걸어오는지 그 과정을 즐겼으면 좋겠어요.

요가 TIP

1번부터 11번까지 한 세트를 연결해서 한다. 한 자세마다 정성껏 하루에 10세트씩(20분) 호흡에 집중해서 하는 것을 추천한다. 가슴이 터질 것 같은 한계가 오더라도 이 또한 살아있다는 증거입니다. 온몸이 태양처럼 뜨거워졌나요. 축복합니다. 〈사진참조〉

1. 두 발을 붙이고 복부와 허벅지에 힘을 주고 서서 두 손을 가슴 앞에 합장한다.

2. 마시며 양팔을 머리 위로 합장해서 가슴을 열고 시선은 손끝을 본다.

3. 내쉬며 천천히 양손을 발 옆의 바닥에 대고 상체를 구부려 턱은 쇄골에 코는 무릎에 댄다.

4. 마시며 골반부터 상체를 곧게 앞으로 뻗어 가슴을 열어주고 하체는 단단하게 고정한다.

5. 들이마시며 두발을 뒤로 뻗어 플랭크 자세에서 전신이 바닥과 수평이 되게 양팔을 굽힌다.

6. 마시며 양 발등이 바닥을 누르며 상체를 위로 올리며 코브라 자세를 유지한다.

7. 내쉬며 허리를 들어 엉덩이를 하늘로 향하고 아래로 향한 개 자세를 유지한다.

8. 마시고 양발은 손 사이로 가져와 상체를 앞으로 뻗어 가슴을 열어주고 하체는 단단하게 고정한다.

9. 내쉬며 상체 힘 빼고 복부에 힘을 주며 허리를 굽혀 턱은 쇄골에 코는 무릎에 댄다.

10. 마시며 배에 힘을 주고 양팔을 머리 위로 뻗어서 가슴을 열고 시선은 손끝을 본다.

11. 합장 또는 골반 옆으로 내려 1번 자세로 돌아온다.

사진 17. 태양경배 자세

09

아름다운 사람

내가 운영하고 있는 사업장은 대학교 앞에 위치한 마트다.
대학생이 주 고객이고 나머지는 관공서에 납품한다. 학생들은
항상 먼저 인사한다. 딸, 아들 같은 이런 고객이 우리 가게 단
골이라 얼마나 감사한지 모른다. 단골 고객에게 고마움을 나만
의 방법으로 표현한다. 갑자기 소나기라도 내리면 놀고 있는 우
산을 챙겨 주기도 하고 과일에 흠이 있는 것은 공짜로 챙겨주
기도 한다. 대부분 지방에서 올라온 자취생들이라 폴더 각으로
인사하는 모습을 보면 그냥 기분이 좋아진다. 어떤 이는 "그렇
게 우산을 주면 우산을 팔지 못하잖아, 그렇게 과일을 덥석 주

면 매장에 과일이 안 팔리잖아."라고 걱정하기도 한다. 어떤 이는 옆에서 지켜보다가 그래봤자 아무 소용없다고도 한다. 아무 소용없다고 한들 오늘 내가 잘했다고 생각이 들면 나는 그것을 선택한다. 여학생을 보면 양산에서 자취하는 딸 생각이 나고, 남학생을 보면 서울에서 자취하는 아들 같은데 과일 하나 주는 것, 우산 하나 챙겨주는 것이 뭐 대수라고. 바라고 한 건 아니지만 학생들이 커피를 선물하고 고향집에 다녀왔다며 옥수수를 주기도 한다. 이렇게 착하고 아름다운 고객만 만난다면 좋겠지만 우리의 삶은 나의 바람처럼 되지 않는다. 뜻하지 않은 진상고객도 만난다.

집중호우에 태풍까지 겹치면서 예년에 비해 채소, 과일 가격이 크게 올라 애호박 한 개가 3,500원~4,000원일 때가 있었다. 농민들의 피해는 우리가 가히 짐작하지도 못할 만큼이다. 흠이 있더라도, 조금 비싸더라도 감사하는 마음으로 농민을 돕는다는 마음으로 먹었으면 좋겠다.

고객 1. "더럽게 비싸네." 화를 내고 나간다. 명품 가방을 들고 있었지만 품격이라고는 조금도 찾아볼 수 없다. 아무리 좋은 옷을 입어도, 명품 가방을 들어도 선한 마음이 없으면 추하다.

여성들이여, 명품 가방을 사려고 애쓰지 말고 제발 몸과 마음을 명품으로 만들었으면 좋겠다.

고객 2. "이런 악조건 속에 이렇게라도 남아 준 것만으로도 어디예요. 고마운 일이지요." 한다.

똑같은 애호박을 두고 어쩜 이렇게 표현이 다를까. 아름다운 마음은 감동을 준다. 괜히 아름다운 게 아니구나. 마음이 저렇게 고우니까 자동으로 빛나고 아름다웠구나.

고객 3. "여행용 티슈 얼마예요?"

"600원입니다."

"카드결제 되죠?"

"고객님, 천 원 이상 물품을 구매 해주시면 고맙겠습니다."

"천 원 미만이라고 카드결제 거부하는 거요? 신고하면 어찌되는 줄 알죠!"

나는 재래시장에 가면 3만 원 미만은 현금을 주고, 식당에서 밥을 먹을 때도 2만 원 미만은 현금결제 하는데 이 50대 **기업의 과장이란 사람은 **놀라운 신고정신을 발휘한다고 윽박지른다.** 소상공인들이 천원 미만 카드결제를 꺼리는 이유는 높은 수수료 때문이다. 카드결제 시 카드수수료가 고스란히 가맹점주로부터 빠져나가게 되어있다. 심지어 카드결제 취소 시에도 수수료를 점주들이 부담해야 하는 구조로 되어있다. 나는 카드결제 취소 시에도 수수료를 물어야 하는 것이 억울하고 기분 나쁘다. 당신이 사는 동네마트에 가거든 천 원 미만은 현금결제나 거스름돈이 없거나 귀찮다면 제로페이 결제를 추천한다. 점주로부터 수수료 부담이 없기 때문이다. 소액 카드결제가 점점 늘어나는 추세로 소상공인의 고충은 더 심해지고 있다.

고객 4. 한번은 난리가 난 적이 있다. ****대학교 교수가 계산할 때 만 원짜리 지폐를 던졌다.** 공손하게 두 손까지는 아니더라도 자신의 소중한 돈을 왜 저 모양으로 성의 없게 던지는지 모르겠다. 나에게 감정이 있어서도 아니고 무심결에 습관대로 나온 행동이지만 나는 교수의 눈을 똑바로 보고 말했다.

"돈을 던지니까 기분이 좋지 않습니다."

"어! 내가 돈을 던졌나요? 기분이 안 좋아서 실수했어요. 미안합니다."

아무리 나이가 자신보다 어리더라도 돈을 건넬 때 던지지는 말아야 할 일이다. 뒤늦게 사과하고 미안한 표정을 지었지만 무심결에 한 행동으로 그 사람의 품격이 나온다. 아무리 고객이 왕이라도 아닌 건 아니라고 말한다. 좋은 게 좋다고 그냥 넘어가면 미움받지 않는다는 걸 알고 있었지만 나는 그냥 넘어가지 않았다. 이런 성격으로 손해를 본 적은 있어도 그런 내가 부끄럽지 않았다. 진짜 진상은 자신의 잘못을 인정하기는커녕 대단한 갑질을 행사하는데 그것에 비하면 이 고객은 잘못을 인정하고 사과까지 했으니 아름다운 고객 축에 든다.

고객 5. 자정이 넘어 마감정산을 하는 찰나에 술에 취한 고객이 들어왔다. **대뜸 고래고래 고함을 지른다. 사는 게 힘들어 죽겠다. 제발 좀 살게 해달라고 테스형을 찾는다.** 다니던 직장이 문을 닫자 일할 곳이 없어 몇 달째 수입이 없다며 울분을 토해냈다. 사정은 알겠는데 하소연할 곳이 오죽 없으면 나한테 와서 이러나 싶기도 한데 남자손님이 만취해 있으니 겁부터 났다. 몸부림치며 매장 물건을 던지며 난동을 부리는 통에 다른 고객들은 불편해서 계산을 못할 지경에 이르렀다. 그때 30대 중반 단골고객이 경찰서에 신고를 해 주었다. 또 다른 단골고객은 물건을 사고 계산이 끝났는데도 돌아가지 않고 경찰이 올 때까지 끝까지 옆에서 자리를 지켜 주었다. 취객으로부터 다치지는 않을까 걱정되어서 발걸음이 떨어지지 않는다고. 아들 또래의 청년은 정말 고맙고 귀한 고객이다.

다행인 건 진상고객은 1% 미만이고 감동고객이 훨씬 많다는 사실에 힘이 난다. 비 오는 날 커피 한 잔 건네는 단골이 있고 고향에서 올라온 파김치를 나눠주는 고객, 지나가다 무심히 "안녕하세요?" 인사를 건네는 고객, 송이가 나왔다고 귀한 송이버섯을 챙겨주는 아름다운 고객이 있기에 밝은 표정을 짓고 힘을 내어본다. "편의점보다 싸게 살 수 있어 고마워요." 이렇게 말해주는 고객이 있기에 힘이 난다. 품격은 명품 가방이나 양복에서 나오는 것이 아니다. 이웃을 따뜻하게 바라보는 착하고 아름다운 마음에서 나온다. 나처럼 서비스업에 종사하는 사람들은 불필요한 언쟁을 피하기 위해 이미 참을 만큼 참는 편이다. 말도 안 되는 어이없는 경우에도 좋은 게 좋다고 그냥 넘어가기 일쑤일 때가 사실은 더 많다. 서비스를 받는 입장이라도 서비스를 하는 사람은 누군가의 소중한 가족이라는 사실을 잊지 말았으면 좋겠다. 아주 큰 걸 바라는 게 아니다. 다정한 미소와 "고맙습니다." 마음이 담긴 한 마디면 당신의 품격은 충분하다.

10

내가 가장 빛나는

소중한 가족을 잃어본 사람은 안다. 다음은 없다는 것을. 지금 하지 않으면 후회막급이라는 것을. 어머니는 내가 결혼하고 2년쯤 후에 갑자기 교통사고로 하늘나라로 가셨다. 우리 가족 중 단 한 명도 어머니와 작별인사를 하지 못했다. 참으로 아까운 남동생은 40세에 위암으로 세상을 떠났다. 조금 더 잘 챙겨줬더라면, 조금 더 많은 시간을 함께할 걸, 모든 것이 후회로 가득했고 잘해주지 못한 것만 떠올랐다. 땅을 치고 후회해도 다시는 만날 수 없고 이미 늦은 후였다. 그 후로 모든 것이 달라졌다. 할까 말까 망설일 때는 하는 쪽을 선택한다. 하지 않고 후회한 경우가 훨씬 많았기 때문이다. 지금은 가족에게 전화로 편지로 카톡으로 표현을 한다. 작은 것이라도 함께 나눈다. 사랑한다는 표현도 곧잘 한다. 예전에는 손발이 오그라들어 그런 말은 하지 못했는데 지금 아니고 다음으로 미루다가 영영 못하게 될지도 모른다는 걸 알기에 용기를 내서 표현한다. 처음 한 번이 힘들지 한번 나온 사랑표현은 시시때때로 나온다. 자녀들과 남편에게 "기특하고 고맙고 사랑한다."라고 매일 말한다. 감사와 칭찬의 한 마디는 힘이 대단하다. 각자 맡은 자리에서 최선을 다하고 밝게 빛나고 있다. 자녀들이 잘 되기를 바란다면 자주 안아주고 사랑한다고 표현하자.

MRI기기를 통해 실험한 결과, 자선을 베풀 때 그 사람의 즐거움을 담당하는 뇌 영역이 밝게 빛난다는 사실을 밝혀냈다. 달리 말하면 좋은 일을 하는 행동은 실제로 인간을 행복하게 만든다는 것이다. 따뜻한 한마디 말로 사람을 살리기도 하고 음식을 나누고, 봉사활동을 하든, 기부금을 내든, 마스크를 선물하든, 그 어떤 방법으로든 우리는 다른 사람에게 좋은 일을 할 수 있다. 그것들은 덕으로 쌓여 나에게 반드시 돌아온다. 설사 돌아오지 않는다 해도 이미 그것으로 내가 밝게 빛난다면 그것으로 충분하다고 생각한다. 나는 요가 봉사를 할 때 빛난다. 시낭송을 할 때 빛난다. 돈을 벌기 위함이 아니라 누군가를 돕고 누군가의 축하자리를 빛내주기 위함인데 내가 더 빛난다. 돈을 쫓아가지 않아도 내가 좋아하고 잘하는 것을 했을 때 사는 게 재미있고 돈도 따라왔다.

"진주에 사는 사람들은 좋겠어요."

"왜요?"

"저는 1시간을 운전해야 진주문고에 와요. 당신들은 수시로 찾아올 수 있으니 복 받으신 겁니다. 창원에도 이런 공간이 있으면 얼마나 좋을까요."

진주문고 2층 '여서재'라는 공간에서 작가와의 만남 자리에 지인들과 나눈 대화다. 진주문고에는 공간을 내어주어 북 콘서트, 독서모임, 달빛 낭독회 등 각종 문화행사를 열어 진주지역 민들과 함께 소통하고 있다. 다양한 프로그램을 통해 '여서재'라는 아름다운 공간을 창출하고 있다. 공간을 내어주고 누구나 쉽게 찾아올 수 있도록 한다는 것이 그리 쉬운 일이 아니다. 그럼에도 묵묵히 실천하는 대표님을 보면 가치 있는 일이 사람을 움직인다는 것을 알 수 있다. 먼 지역에서도 한달음에 달려오는 사람이 많기 때문이다. 진주에 가면 꼭 가봐야 할 곳이 '진주문고'라고 지인들에게 말하는 이유이기도 하다. 진주를 빛나게 하는 진주문고는 1층엔 카페와 문구, 아동도서가 있어 편안함을 주고, 2층엔 참고서, 학습지 위주와 여서재가 있어 여유를 준다. 3층에는 문학과 예술에 관련된 책들이 천천히 쉬어갈 수 있게 손짓한다. 다양한 프로그램으로 지역민과 소통하고 독서문화 확산에 기여하는 대표님이 있기에 진주문고는 빛난다. 청소년 인재육성함양과 지역민에 기여한 공적을 인정받아 진주문고 대표님은 2021 진주교육상을 받기도 했다. 책으로 자신의 철학과 소명의 길을 조용히 걷고 있는 밝은 에너지를 가진 사람을 이웃으로 알고 있다는 것이 기쁘고 고마운 일이다.

사랑에 빠지지 않을 수 없네

산책길에 만난 어미 새와 새끼들의 쫑알거림

작은 지렁이 한 마리도 기특하고 고맙고 사랑스럽다

이것을 볼 수 있다는 것만으로 기쁘지 아니한가

지금 나는 아주 사소한 것으로 기쁘다

친구가 준 상추쌈으로 점심을 먹은 것

분홍색 달맞이꽃을 만난 것

따뜻한 대추차를 맛본 것

냇가에 몰려서 둥둥 떠가는 오리 가족들

비가 조용히 내리는 텃밭을 보는 것으로 충분하다

옆집 새댁이가 쑥스럽게 내민 샌드위치와

따뜻한 커피 한 잔의 정성을 고맙게 생각한다

걷고 싶을 땐 산책길을 걷고

맨발이 좋아하는 흙길에서 시낭송을 한다

책을 읽고 싶을 땐 읽고 싶은 만큼 읽고

요가매트 위에선 나를 만나고 보살핀다

문득 친구가 보고 싶을 땐

"차 한 잔 하자"며 얼굴을 본다

내가 좋아하는 것을 할 때 나는 빛이 난다

중요한 것은 지금이 가장 빛나는 순간이라는 것이다

−졸시 〈내가 빛나는 순간〉 전문

●마치는 글

요가는
실천이다

생각해 보면 힘든 일이 있어도 슬픈 일이 있어도 요가매트 위에서 나를 돌봤다. 요가매트 위에서는 모든 괴로움과 슬픔, 외로움조차도 잊어버렸다. 오히려 고요함 속에 충만함을 만끽했다. 돈벌이에만 집중하고 바쁘게 살았던 시간들에서 이제는 적게 일하고 불필요한 소유는 줄이는 연습을 한다. 더 나아가서 내려놓는 연습도 한다. 이게 아니라고 생각이 들면 아니라고 말하고 주저 없이 놓아버린다. 이제는 내 안에 중심이 있고 마음의 소리를 존중하고 누가 뭐래도 나를 믿는다. 요가는 어렵고 힘든 자세를 잘한다고 훌륭한 요가 전문가가 아니다. 요가는 자세를 깊고 우아하게 쌓아가는 수련이라기보다 일상에서 봉사,

믿음, 배움, 명상을 실천하는 것이다. 하나씩 실천하는 과정을 통해 나를 있는 그대로 존중하기, 내려놓는 연습, 지금 이 순간을 향유하라는 것을 배웠다. 이 세 가지가 요가의 핵심이라 해도 과언이 아니다.

아픈 몸에서 덜 아픈 몸으로 살기 위해 요가를 시작했다. 요가원에서 하루도 빠짐없이 1년 3개월 동안 초급, 중급, 고급, 지도자과정을 단계별로 몰아서 쉬지 않고 마쳤다. 요가 지도자가 되려고 한 것도 아니고 이것으로 돈을 벌기 위함도 아니었다. 하다 보니 매일 매트위에 내가 꽂혀 있었고 20년을 함께 하고 있다. 어깨 통증으로 힘들어 포기하고 싶은 순간에도 극복할 수 있었던 것은 일만 했던 시절 숨통이 막혀 죽을 것 같은 내가 매트 위에서는 제대로 숨을 쉴 수 있어서였다. 나는 이제 빨리 뛰고 싶지도 않고 느림을 선택한다. 헉헉거리는 숨소리는 이제 깊은 호흡으로 대체되었다. 요가가 있는 한 그 어떤 고난과 역경을 만나도 지혜롭게 극복할 수 있을 것이다. 흔들리다가도 결국엔 중심을 잡을 것이고, 넘어져도 우아하게 일어나 다시 시작할 것이다.

얼떨결에 요가원에 갔다가 스승님은 이상한 요괴로 보였다가 요기(요가 수련 전문가)에서 스승으로 되었다. 한국에서 요가를 접하기 힘들었던 시대에 스승님은 요가의 근원지인 인도에서 수련을 배웠고 요가를 한국에 전도하는 것을 소명이라 생각했다. 요가 수련자 1세대들은 돈이 되지 않는 생활이었지만 스승님은 아랑곳하지 않고 가치 있는 일에 10년을 열중했다. 스승님이 없었다면 오늘날 나도 없었을 뿐더러 한국에서 이렇게 쉽게 요가를 접하기는 어려웠을 것이다. 지금 생각해 보면 훌륭한 스승을 만난 것이 나에겐 큰 축복이었다. 어리석게 그 당시엔 몰랐다.

내가 요가지도자과정을 마치자마자 스승님은 위암으로 하늘나라로 가셨다. 모든 청춘과 에너지를 돈이 되지 않는 요가에 쏟아 부었다. 내가 스승님이었다면 돈이 되지 않은 일에 올인 할 수 있을까? 솔직히 고백하건데 "예스"라고 답하진 못하겠다. 그래서 스승님이 더 큰 어른으로 보이고 존경하는 마음이 크다. 아마 20년 동안 한 번도 요가를 놓지 않은 이유는 스승님의 영혼이 우리 요가 수련자 2세대들에게 스며들었던 것이 아닐까 생각해 본다. 때로는 우리가 상상하지 못한 것들이 보이지 않는 형태의 에너지로 흐르니까. 나도 모르게 스승님의 말투를 따라하고, 동작이 될 때와 되지 않을 때, 스승님의 표정이 나오기도 하는 것은 어떻게 설명이 되지 않지만 말이다. 요가는 눈에 보이지 않는 부분이 보이는 부분을 이끌어준다. 표정, 말투, 자세 등 이 모든 것은 보이지 않는 것에서부터 비롯되기 때문이다. 보이는 부분과 보이지 않는 부분을 좌우하는 요가는 언제나 옳다.

스승님이 돌아가시자 돈이 되지 않는 요가원은 그 누구도 인수하지 않았다. 자동으로 요가원은 문을 닫았다. 부족한 부분을 채우고 싶어서 비크람 요가원에 찾아갔다. 한국에서 '핫 요가'로 불리는 비크람 요가는 온도 40도, 습도 60%의 인도 현지와 비슷한 환경을 조성하고 26가지의 동작으로 진행되었다. 내가 배운 전통요가 스승님과 비크람 요가원장은 하늘과 땅 차이의 수준이 났다. 스승님은 내가 본 요가 수련자 중에 최고였다. 또라이 스승님의 요가는 그 누구도 따라갈 수 없는 어떤 경지에 있었다는 것을 그때서야 깨달았다. 그렇게 비크람 요가는 3개월을 끝으로 두 번 다시 가지 않게 되었고 그 후로 집에서 매일 매트 위에서 스승님의 깊은 자세를 닮으려고 노력한다.

이 글을 쓰는 내내 요가 스승님이 가장 많이 생각났다. 훌륭한 스승님 덕분에 꾸준히 수련하고 배운 것을 기꺼이 나누는 요가의 삶을 살고자 한다. 스승님의 뒤꿈치를 따라가려면 한참 멀었지만 매일 요가매트 위에서 끊임없이 배우고 부족한 부분은 채워가려 노력하고 있다. 스승님은 돌아가셨지만 여전히 나를 참된 요가의 삶으로 이끌어주는 등불과도 같은 존재로 함께 하고 있다. 스승님을 만나지 않았다면 아마 지금의 평안한 내 모습도, 이 책도 세상에 나오지 않았을 것이다.

　요가에도 초, 중, 고급, 지도자과정이 있듯이 책 쓰기에도 과정이 있다. 나는 겨우 두 번째 책을 내어놓는 초보 작가다. 많이 부족하고 배우는 중이지만 정성껏 썼다. 첫 번째 책『마음속 아이를 부탁해』보다 글을 다듬는 시간은 몇 곱절 정성을 기울였다. 왜냐하면 고맙고 귀한 독자를 사랑하기 때문에 한 문장 한 문장에 공을 들이지 않을 수 없었다. 이 책을 요가에 꽂혀서 일생을 바친 하늘에 계신 또라이 스승님께 바친다. 이 책을 퇴고할 무렵 애석하게도 아버지는 어머니 곁에 영면하셨다. 책으로 나오기 전 원고 묶음을 아버지 49제에 올렸다. 나의 두 번째 책을 아버지가 가장 먼저 읽어 주시다니 목이 메일 뿐이다. 아버지, 그곳에선 다리가 괜찮지요.

감사의 글

　책을 쓸 때, 돈 안 되는 걸 또 하냐고 투박해도 우수출판콘텐츠에 당선 기도를 해준 짝지(남편)에게 고마움을 전합니다. 사실 돈벌이에 집착하지 않고 내가 좋아하는 것을 할 수 있었던 건 든든한 지원군인 짝지가 있었기에 가능했지요. 무엇을 하든 항상 내 편이 되어주는 언니, 형부, 오빠, 동생이 곁에 있어 고맙고 든든합니다. 초고의 미숙한 부분을 냉철하게 피드백해 주시고 글쓰기에 많은 영감을 주신 이은대 사부님께 고맙습니다. 책이 나오면 서점에 진열과 홍보로 마음을 써주신 여태훈 대표님께 특별히 감사합니다. 요가 자세를 잘 표현해 주신 노유경 디자이너님도 큰 활약을 했습니다. 책을 읽고 쓸 때 행복해 보인다고 말해주는 딸, 아들 덕분에 힘든 글쓰기 과정에 힘이 났습니다.

책 쓰기 과정을 안내해 주시고 귀한 경험을 선물로 주신 성남주 작가님 감사합니다. 글쓰기에 동기부여가 되어주신 큰 산을 닮은 권부귀 작가님 고맙습니다. 다양한 글감을 찾을 수 있게 도움을 주신 김현길 시인님 고맙습니다.

매달 좋은 책을 추천해준 독서모임의 김영만 리더, 박명녀 언니, 조희정 선배님도 글쓰기에 밑거름이 되어주신 고마운 이웃입니다. 좋은 일이든 궂은일이든 묵묵히 곁에서 응원을 아끼지 않는 정남숙, 배종순, 박한순, 서남이 친구에게도 특별히 고마움을 전합니다. 대학원 과정에서 만나 여러모로 마음을 써주신 현창모, 김유성, 김용우, 박문순 학우에게도 진심으로 고마움을 전합니다.

고향이 하동이라는 이유만으로 책 홍보에 힘을 보태주신 흥룡 초등학교 동문님들과 33회 동기들에게 특별히 감사합니다. 책을 낼 때마다 응원해 주신 자이언트 작가 협동조합 작가님들 고맙습니다. 저의 책을 읽고 SNS에 소감을 올려주신 많은 팬들에게 진심으로 고맙습니다. 첫 책을 낼 때 '모자상' 조각을 책표지에 사용할 수 있게 허락해 주신 '푸주옥' '쇼나갤러리' 이석희 대표님께는 이번 기회에 진심으로 감사합니다. 책 표지의 품격을 올려준 덕분에 많은 구독자들이 생겼음을 고백합니다. 두 번째 책표지도 '쇼나갤러리'에 소장된 조각상을 허락받았습니다. 이런 고마운 이웃이 제게는 가장 큰 재산이자 축복입니다. 다시 한 번 더 가슴깊이 감사합니다. 이 외에 지면에 올리지 못한 많은 분들의 지원과 성원에 진심으로 고맙고 감사합니다.

책을 쓰는 일은 내가 좋아서 하지만, 사실 힘들고 고독한 작업입니다. 무수한 밤을 지새우기도 하고, 엔간해선 체중변화가 없는 내가 체중이 줄어들기도, 때로는 눈이 빨갛게 충혈되기도 합니다. 이렇게 힘든 작업을 끝냈을 땐 그 무엇과도 바꿀 수 없는 기쁨과 가치를 느낍니다. 바로 이것이 책 쓰기에서 얻을 수 있는 가장 큰 보람이자 보상입니다. 이런 소중한 기쁨과 가치를 추구하도록 힘을 주신 많은 분들이 없었다면 나는 책을 쓸 엄두조차 내지 못했을 겁니다. 그동안 책으로 받은 기적 같은 관심과 사랑은 말로써 표현되어질 성격의 감사가 아닙니다. 책으로 받은 축복을 다른 사람에게 다시 사랑으로 돌려드릴 것을 약속합니다. 이 책의 수익금은 누구보다 힘들었을 코로나19 확진자, 자가격리자, 보건의료팀에 종사하는 분들의 지원금으로 사용됩니다.